Reabilitação Cardíaca

Dados Internacionais de Catalogação na Publicação (CIP)
(Câmara Brasileira do Livro, SP, Brasil)

Nunes, Rodolfo Alkmin Moreira
  Reabilitação cardíaca / Rodolfo Alkmin Moreira Nunes.
-- 1. ed. -- São Paulo : Ícone, 2010.

  Vários colaboradores.
  ISBN 978-85-274-1097-7

  1. Cardiologia 2. Coração - Doenças - Terapia
do exercício 3. Doenças cardiovasculares -
Prevenção 4. Exercício 5. Exercício - Aspectos
fisiológicos 6. Medicina esportiva I. Título.

10-02196

CDD-616.1206515
NLM-WG 166

Índices para catálogo sistemático:

1. Reabilitação cardíaca : Atividade física em
    cardiologia : Medicina   616.1206515

Reabilitação Cardíaca

Rodolfo Alkmim Moreira Nunes

Brasil – 2010
1ª edição

© Copyright 2010
Ícone Editora Ltda.

Projeto Gráfico, Capa e Diagramação
Richard Veiga

Revisão
Juliana Biggi
Saulo C. Rêgo Barros

Proibida a reprodução total ou parcial desta obra, de qualquer forma ou meio eletrônico, mecânico, inclusive através de processos xerográficos, sem permissão expressa do editor (Lei n° 9.610/98).

Todos os direitos reservados para:
ÍCONE EDITORA LTDA.
Rua Anhanguera, 56 – Barra Funda
CEP: 01135-000 – São Paulo/SP
Fone/Fax.: (11) 3392-7771
www.iconeeditora.com.br
iconevendas@iconeeditora.com.br

Folha de Aprovação

A presente obra foi aprovada pelo Conselho Editorial e recomendada por ele a sua publicação na forma atual.

MEMBROS DO CONSELHO EDITORIAL

Prof. Dr. Antônio Carlos Mansoldo (USP - SP)
Prof. Dr. Jefferson da Silva Novaes (UFRJ - RJ)
Prof. Dr. José Fernandes Filho (UFRJ - RJ)
Prof. Dr. Rodolfo Alkmim Moreira Nunes (UCB - RJ)
Profa. Dra. Luana Ruff do Vale (UFRJ - RJ)
Prof. Dr. Miguel Arruda (UNICAMP - SP)
Prof. Dr. Edil Luis Santos (COOPE/UFRJ - RJ)
Prof. Dr. Daniel Alfonso Botero Rosas (PUC - Colômbia)
Prof. Dr. Vitor Machado Reis (UTAD - Portugal)
Prof. Dr. Carlos Eduardo Brasil Neves (UNESA - RJ)
Prof. M.Sc. Aldair José de Oliveira (UERJ - RJ)
Prof. Dr. Antônio José Rocha Martins da Silva (UTAD - Portugal)
Prof. Dr. Paulo Moreira da Silva Dantas (UFRN - RN)
Prof. Dr. Fernando Roberto de Oliveira (UFL - MG)
Prof. Dr. José Henrique do Santos (UFRRJ - RJ)
Prof.Dr. André Gomes (UNESA - RJ)
Profa. Dra. Cynthia Tibeau (UNIBAN - SP)
Profa. Dra. Fabiana Scartoni (UCP - RJ)
Prof. M.Sc. André Fernandes (CREF)
Prof. M.Sc. Fabiano Pinheiro Peres (USF - SP)

PRESIDENTE DO CONSELHO

Prof. M.Sc. Alexandre F. Machado (UNIBAN - SP)

Dedicatória

Às minhas meninas, companheiras de todos os momentos: Marina, Giulliana e Renata.

Aos meus pais Eleonay de Alkmim Moreira Nunes e Joaquim Moreira Nunes, pela formação moral e acadêmica.

Aos meus pacientes de ontem, hoje e amanhã.

Agradecimentos

Ao meu maior incentivador na área acadêmica, Prof. Dr. Jefferson da Silva Novaes pela generosidade em redigir a minha apresentação.

Ao grande parceiro de mestrado que se tornou meu "filho", Alexandre Machado, fonte de juventude e vitalidade que impulsionam o trabalho.

Ao meu amigo, colega de profissão e também paciente Dr. Abelardo Bastos Pinto Jr, que com carinho especial aceitou escrever um prefácio diferente, mostrando a visão do médico como paciente do serviço de Reabilitação Cardíaca.

Ao responsável médico do serviço de Reabilitação Cardíaca da MÚTUA dos Magistrados do Tribunal de Justiça, Dr. Bruno Borges da Fonseca, pelo companheirismo e generosidade de ter aceitado em colaborar com o prefácio do médico especialista em Reabilitação Cardíaca.

Ao meu companheiro de Doutorado Prof. Dr. Rodrigo de Souza Vale, sempre solícito em colaborar no capítulo de avaliação funcional e cineantropometria, atendendo a mais um favor ao amigo.

Aos companheiros da clínica Cardiomex, representados pelos colaboradores Isa Lavouras, Adriana Vassali, Monique Serapicos, André Monteiro e Daniel Marques, pelos professores Luciana, Bebeto e Rafael, pelas médicas Bruna, Maria Tereza e Silvia, pelas enfermeiras Sandra, Isabel, Luciana e Gisele, pelo pessoal estrutural Vânia, Elaine, Maria Rosa, Érica e Marcelo – pelo exemplo de competência mostrado com o serviço de Reabilitação Cardíaca.

Às amigas nutricionistas Roberta Carvalho e Michelle Oliveira, pela colaboração prestada com o capítulo de terapia nutricional nas doenças cardiovasculares, que qualifica esta obra.

Ao amigo e coordenador da Academia Fórum do Tribunal de Justiça do Rio de Janeiro, Worms Bastos, por ter aceitado em colaborar com o capítulo mecanoterapia e equilíbrio postural na reabilitação que diferencia sobremaneira a obra.

Aos modelos fotográficos Rafaela Barbosa e Ângelo Gabriel, pela paciência em posar durante horas para que o trabalho tivesse a perfeição das técnicas desejadas.

Aos meus orientandos, aqui representados pelos colaboradores Oswaldo Dias Leite Jr. e Renato Duarte Frade, que acompanho desde a graduação, especialização e mestrado, que inspiram e engrandecem a realização desta obra.

Aos meus companheiros de trabalho do LABIMH - UCB, representados pelas doutoras Cintia Biehl, Daniele Mello, Tânia Giani e em especial pelo Prof. Dr. Estélio Dantas, pela compreensão e presteza no desenvolvimento de novas linhas de pesquisa na área de Reabilitação Cardíaca.

Ao meu amigo de todas as horas, Giovanni da Silva Novaes, que, representando a Máster Consultoria Educacional junto à UNIFOA, possibilitou a implantação do curso de pós-graduação em Reabilitação Cardíaca.

À minha família postiça Sheila Cunha, Hermé Novaes e Alberto Cunha, pelo carinho e retaguarda nos momentos mais difíceis.

Por fim, à colaboradora especial de todas as obras, de todos os livros, de todas as teses, de todas as horas e de toda uma vida, Renata da Cruz Cunha, pela colaboração em mais um capítulo, além da compreensão nos momentos derradeiros da obra.

Apresentação

Gosto sempre de brincar nas minhas apresentações de livros e autores com o binômio "criador e criatura". A "criatura", o livro, neste momento não me cabe comentar, entretanto, o "criador"...

Pessoa singular, dotado de presença de espírito e bom humor, convicta de seus ideais e com um grande potencial de lida. Um homem de novos projetos, um sonhador, que reside em um amplo espectro de trabalho e de produção. Incansável, quer seja para trabalhar ou para estudar durante ou nos finais de semana, esse é o "Rodolfo".

Sua apresentação ficará a cargo de eu contar a sua própria história. Diferentemente daqueles políticos que se elegem dizendo o que vão fazer, apresentarei o autor desta obra dizendo o que ele fez, durante sua vida acadêmica e profissional.

Profissional com dupla formação, diferente de todos que conheci – primeiro se formou em Medicina para muitos anos depois poder realizar o sonho da sua vida, ou seja, se tornar um profissional de Educação Física.

Concluiu o seu curso de Medicina na Universidade Gama Filho (UGF/RJ) no Rio de Janeiro, em 1990. Logo após, foi morar em Porto Alegre para fazer o curso de Especialização em Medicina do Esporte, do Departamento de Desportos da Escola Superior de Educação Física da Universidade Federal do Rio Grande do Sul (UFRGS), tendo sua conclusão em 1991. No ano seguinte, cursou a Pós-Graduação *Lato Sensu* em Técnicas e Metodologia de Avaliação em Laboratório de Pesquisa do Departamento de Desportos da Escola Superior de Educação Física da UFRGS.

Em meados de 1992, retorna ao Rio de Janeiro para coordenar uma equipe multiprofissional do SPA Le Canton da Universidade Estácio de Sá (UNESA), em Teresópolis. Na época, teve também participação ativa no grupo que fundamentou o curso de Educação Física da UNESA. De 1995 até 2009, ministrou diversas disciplinas no curso de Educação Física, Fisioterapia e Tecnólogo de Radiologia na própria UNESA. Lecionou também na graduação da Universidade Plínio Leite, no ano de 2003, a disciplina de Medicina Desportiva no curso de Fisioterapia.

Em outubro de 2004, concluiu o curso de Mestrado em Ciências da Motricidade Humana da Universidade Castelo Branco/RJ. Três anos depois, em 2007, concluiu também o seu curso de Licenciatura Plena em Educação Física, pela Universidade Estácio de Sá (UNESA/RJ). Diferente do que normalmente acontece, conclui primeiro o curso de Medicina para ter a segunda formação em Educação Física. Finalmente, em 2009, obtém a titulação máxima de doutor no curso de Ciências da Saúde da Universidade Federal do Rio Grande do Norte.

Foi professor das disciplinas de Socorros e Urgências, Medidas e Avaliação, Prescrição para Grupos Especiais, Emergências Cardíacas e Emergências Clínicas em cursos de Pós-Graduação *Lato Sensu* de várias universidades, por todo o território nacional. E ainda, mapeando sua carreira acadêmica, é autor de livros e diversos artigos científicos nacionais e internacionais. Mais recentemente, avança essa empreitada acadêmica, como co-orientador e orientador de dissertações e tese em Programas *Stricto Sensu* no Brasil e na Europa.

Em meados de 2005, aproveitando a experiência adquirida na UFRGS e no Hospital de Clínicas de Porto Alegre, quando trabalhou com recondicionamento físico no LAPEX e no serviço de métodos não invasivos em cardiologia no HC, foi trabalhar nos serviços de Reabilitação Cardíaca da MÚTUA dos Magistrados e da Cardiomex. Nesta última assumiu a direção técnica em 2009, implantando o Centro de Avaliação e Pesquisa do Exercício e lançando em 2010 o curso de pós-graduação em Reabilitação Cardíaca.

Sem mais me alongar, e sem querer apresentar todos os seus méritos em anos de experiência da sua carreira profissional no campo de intervenção da Medicina do Exercício, não poderia deixar de citar sua participação nas Comissões de Controle de Dopagem da Confederação Brasileira de Futebol (desde 1989) e da Confederação Brasileira de Voleibol (desde 1990) e sua atuação como Delegado do Brasil, representando o Comitê Olímpico Brasileiro no encontro das Comissões Médicas dos Países da América.

Dito isto tudo, sem ter a pretensão de ter traçado o dia a dia da vida de conquistas profissionais do Dr. Rodolfo Alkmim, finalizo esta apresentação, como de costume, convidando àqueles de bom senso, que forem beber da fonte de conhecimento desta obra, para fazer um "brinde" pela soberba escolha.

Prof. Dr. Jefferson da Silva Novaes

Professor Associado da Escola de Educação Física e Desportos
Universidade Federal do Rio de Janeiro

Prefácio
do Médico Paciente

A evolução dos procedimentos que visam melhorar a qualidade de vida do paciente cardiopata e a crescente expectativa de vida à custa de novas técnicas e medicamentos que resultam na sua continuidade tornam essa publicação mais uma ferramenta profissional importante. Os capítulos descrevem desde a ética, a fisiologia e sua aplicação clínica, incluindo a rotina e avaliação do trabalho executado, passando desde os aspectos nutricionais até as emergências cardiológicas.

Dr. Rodolfo Alkmim, com sua larga experiência, aborda os tópicos mais importantes e relevantes da reabilitação cardíaca que certamente serão de tremenda utilidade para o cardiologista, o clínico e os estudantes do assunto. A reabilitação cardíaca depende, além dos conhecimentos científicos, de um vínculo com o paciente, com a família, com a instituição, intercambiando sentimentos, ansiedades e procurando identificar meios de obter melhores resultados, gerando segurança e satisfação no meio social.

É um setor em fase de grande expansão e abre espaço para a interdisciplinaridade. Não obstante poder compartilhar de sua aptidão e dedicação em convívio frequente como paciente e médico, estou certo de que esta obra muito contribuirá para todos.

Dr. Abelardo Bastos Pinto Jr.

Departamento de Saúde Escolar da Sociedade Brasileira de Pediatria

Prefácio
do Médico Especialista

É com grande satisfação que vejo, saindo do forno, uma obra que contempla todos os aspectos da Reabilitação Cardíaca. Extremamente abrangente, o livro passa aos leitores de forma bastante didática o que realmente é importante.

O capítulo 1 mostra as considerações ético-legais e de como organizar o serviço de Reabilitação Cardíaca. Os capítulos 2, 3, 4 e 6 se complementam mostrando a fisiologia cardíaca, como avaliá-la, como avaliar o indivíduo que a procura e que parâmetros são importantes na Reabilitação Cardíaca. A prática da medicina passou por notáveis alterações nos últimos anos, primariamente como resultado dos avanços tecnológicos nos procedimentos diagnósticos e terapêuticos. Informações fundamentais na escolha do melhor caminho na área de saúde.

Os capítulos 5 e 7 nos ensinam como prescrever exercícios na Reabilitação Cardíaca, como extrair os parâmetros fisiológicos e aplicá-los no exercício. A alteração programática mais importante nos recentes anos é a combinação da aplicação dos exercícios a outros programas de manejo do estilo de vida, como o controle de peso, a interrupção do hábito de fumar e o tratamento dos níveis de estresse. Os capítulos 8, 9 e 10 completam a obra nos dando informações valiosas sobre mecanoterapia, nutrição e emergências pertinentes à Reabilitação Cardíaca. Dr. Rodolfo Alkmim e sua equipe de colaboradores estão de parabéns por esta obra única. Boa leitura.

Dr. Bruno Borges da Fonseca

*Responsável Médico da Reabilitação Cardíaca
da MÚTUA dos Magistrados*

Sumário

Apresentação do Autor, 19

Capítulo 1 – Aspectos Estruturais, Éticos e Legais da Reabilitação Cardíaca, 21
Renata da Cruz Cunha, Isa Bragança Lavouras, Rodolfo Alkmim Moreira Nunes

Capítulo 2 – Fisiologia Cardiorrespiratória, 31
Rodolfo Alkmim Moreira Nunes

Capítulo 3 – Avaliação Clínica e Parâmetros Fisiológicos de Controle, 47
Rodolfo Alkmim Moreira Nunes

Capítulo 4 – Ergometria e Classificação do Condicionamento Físico, 75
Rodolfo Alkmim Moreira Nunes

Capítulo 5 – Prescrição de exercícios aeróbicos, **93**
Adriana Vassalli Souza, Isa Bragança Lavouras, Rodolfo Alkmim Moreira Nunes

Capítulo 6 – Avaliação Funcional e Cineantropometria, **105**
Renato Duarte Frade, Rodrigo Gomes de Souza Vale, Rodolfo Alkmim Moreira Nunes

Capítulo 7 – Treinamento de Força em Cardiopatas, **131**
Oswaldo D. Leite Jr., Monique Serapicos, Rodolfo Alkmim Moreira Nunes

Capítulo 8 – Mecanoterapia e Equilíbrio Postural na reabilitação, **141**
Daniel Marques, André Monteiro, Worms Bastos, Rodolfo Alkmim Moreira Nunes

Capítulo 9 – Terapia Nutricional nas Doenças Cardiovasculares, **161**
Roberta França Carvalho, Michelle Fonseca de Oliveira, Rodolfo Alkmim Moreira Nunes

Capítulo 10 – Emergências Clínicas na Reabilitação Cardíaca, **181**
Rodolfo Alkmim Moreira Nunes

Apresentação do Autor

PROF. DR. RODOLFO ALKMIM MOREIRA NUNES

- Médico (UGF).
- Doutorado em "Ciências da Saúde" (UFRN).
- Professor de Educação Física (UNESA).
- Mestre em "Motricidade Humana" (UCB).
- Especializado em Medicina do Esporte (UFRGS).
- Especializado em Técnicas e Metodologia da Avaliação em Laboratório de Pesquisa (UFRGS).
- Diretor Técnico da Cardiomex (Clínica de Medicina do Exercício e Reabilitação Cardíaca).
- Diretor da *Health Club* Consultoria em Medicina Desportiva.
- Médico Avaliador do Comitê Olímpico Brasileiro (COB).
- Médico Socorrista de Eventos Nacionais e Internacionais pelo Comitê Olímpico Brasileiro (COB).
- Membro das Comissões de Controle de Dopagem da Confederação Brasileira de Futebol (CBF), Confederação Brasileira de Voleibol (CBV), Confederação Brasileira de Tiro Esportivo (CBTE) e Confederação Brasileira de Ciclismo (CBC).
- Médico da Organização Desportiva Sul-Americana (ODESUR) no Controle de Dopagem dos VII Jogos Sul-Americanos 2002.
- Professor da Universidade Estácio de Sá desde 1992.
- Professor de Pós-Graduação nas disciplinas Emergências Cardíacas, Socorros e Urgências, Fisiologia Humana, Medidas e Avaliação em diversos cursos pelo Brasil.
- Corpo editorial do periódico "Ciência *online*" (ISSN:1984-7262).
- Revisor do periódico "R. Panamericana de Salud Pública" (ISSN:1020-4989).
- Palestrante sobre *Doping* e Ergogênicos em diversos eventos no Brasil.

Autor dos livros:
- **Guia de Socorros e Urgências**. Ed. SESI, 2004.
- **Guia de Socorros e Urgências – APH**. Ed. Shape, 2ª ed., 2006.

- Capítulo do livro **Atividade física em Ciências da Saúde** intitulado "Levantamento epidemiológico de frequentadores de academia pelo VO_2máx e IMC".
- Autor de artigos indexados em revistas internacionais, sendo o último em setembro de 2009, intitulado "Prediction of VO_2máx during cycle ergometry based on submaximal ventilatory indicators". *Journal of Strength and Conditioning Research*.

1. Aspectos Estruturais, Éticos e Legais da Reabilitação Cardíaca

Capítulo 1

Renata da Cruz Cunha
Isa Bragança Lavouras
Rodolfo Alkmim Moreira Nunes

Neste novo milênio, a grande meta da população é melhorar sua qualidade de vida e uma das formas de alcançar êxito neste particular é a prevenção de doenças. A atividade física regular é uma das estratégias mais utilizadas, principalmente pelo baixo custo e grandes resultados. A indústria do *fitness* no Brasil movimentou no ano de 2008 cerca de R$ 1 bilhão e já é a quarta maior no mundo (VIANNA & NOVAES, 2009).

A atividade física não é vacina, e para manutenção de seus efeitos como a melhoria do condicionamento físico, se faz necessário que o exercício seja regular e contínuo.

Os benefícios do exercício para o paciente ou para a população, em geral, ainda são controversos quanto ao quantitativo, mas estudos prospectivos colocam que a atividade física prolonga a vida e reduz a ocorrência ou recorrência de coronariopatias, apesar de ser remota uma experiência clínica conclusiva a respeito. Já com relação ao qualitativo não há dúvidas, inclusive, que, dentre os hábitos saudáveis de vida, como o controle de peso, dieta adequada, parar com o tabagismo, amenizar o estresse, o exercício físico, é a grande mola precursora dos demais (OLIVEIRA, *et al.*, 2005).

Já os que não têm tempo, devido às atribulações do dia a dia, somadas à ingesta de alimentação não saudável, falta de exercícios físicos regulares e o alto grau de estresse a que os indivíduos das grandes metrópoles encontram-se inseridos. Estes fatores vêm contribuindo para um aumento assustador do número de cardiopatas ou daqueles que denominamos de grupos especiais.

Denominamos grupos especiais aos portadores de fatores de risco para patologias cardiorrespiratórias e endócrino-metabólicas, como obesos, idosos, hipertensos, diabéticos, cardiopatas, osteopatas, pneumopatas e outras condições clínicas que demandem riscos com a prática de exercícios. Sendo estes que na avaliação médica inicial apresentem o *status* "restrições" (NUNES *et al.*, 2005).

O enfoque abrangente justifica a denominação RCPM (Reabilitação Cardiopulmonar e Metabólica) e estão em consonância com a Organização Mundial de Saúde, que caracteriza a reabilitação como a integração de intervenções, denominadas "ações não farmacológicas", para assegurar as melhores condições físicas, psicológicas e sociais para o paciente com doença cardiovascular, pulmonar e metabólica.

A Reabilitação Cardíaca é definida pela OMS como: "o conjunto de atividades necessárias para fornecer ao doente com cardiopatia uma condição física, mental e social tão elevadas quanto possível, para lhe permitir retomar pelos seus próprios meios um lugar na vida da comunidade, de uma forma tão normal quanto possível".

O Departamento de Ergometria e Reabilitação (DERC), da Sociedade Brasileira de Cardiologia, tem produzido documentos de consenso, destinados a contribuir para a implantação de programas de reabilitação cardiovascular e metabólica. Este documento tem a intenção de contribuir para o surgimento de ações políticas para que a RCPM seja priorizada pelo sistema público e privado de saúde.

Cabe enfatizar que as evidências científicas dão relevância à RCPM, pois viu-se que, no Brasil, o custo da Intervenção Coronária Percutânea (ICP) com colocação de apenas um STENT com adição de medicamento é de aproximadamente R$ 16.000,00. Com este recurso, caso a reabilitação custasse R$ 300,00 mensais, seriam possíveis mais de quatro anos de programa supervisionado para um paciente e o atendimento de mais do que 50 pacientes/mês em programa estruturado de RCPM. Frequentemente na ICP utilizam-se mais do que um STENT, tornando ainda mais díspares os custos das duas modalidades terapêuticas. Deve ser ressaltado que os benefícios oriundos da reabilitação são seguros e abrangentes, melhorando qualidade de vida e proporcionando maior redução das mortalidades cardíacas e de outras patologias, feitas em estudos que a compararam com ICP (AZAMBUJA *et al.*, 2008).

A RCPM faz parte do esquema geral de tratamento médico, devendo lembrar que esta é função do médico com especialização em medicina do esporte.

A Medicina Desportiva surge como área ampla da Medicina, que engloba várias especialidades e por alguns é considerada como a segunda especialidade, onde atua na prevenção primária, no pronto-socorro até a reabilitação.

As qualificações exigidas do Médico Desportivo são conhecimento e prática em:
- semiologia médica;
- medicina interna;
- fisiologia do exercício;
- treinamento desportivo;
- tráumato-ortopedia clínica;
- nutrologia.
- métodos não invasivos em cardiologia
  1. eletrocardiografia;
  2. provas de esforço;
  3. reabilitação cardíaca.

Portanto, para o seu início impõe-se o encaminhamento e consentimento do médico assistente. Cabe ao responsável médico a liberação do paciente para iniciar as atividades e a alta de cada fase da reabilitação, sempre em sintonia com o médico assistente do paciente.

Sendo a Medicina Desportiva uma especialidade médica, e como tal exercida somente por médicos, torna-se necessário o surgimento de uma área de grande espectro, chamada de Ciências do Esporte, que visa integrar e orientar os profissionais de saúde a atuar dentro de equipe multiprofissional na promoção da saúde e da qualidade de vida, através do uso clínico da atividade física na prevenção, diagnóstico e tratamento.

Através de trabalho de equipe multidisciplinar, deverá ser realizada avaliação inicial, com base nos objetivos, história clínica, exames complementares e recomendações do seu Médico Assistente para a prescrição de programa personalizado nas diferentes valências (aeróbia, resistência muscular, flexibilidade, força muscular e coordenação motora), seguindo a individualidade biológica. Devem ser feitas reavaliações periódicas, para acompanhamento da evolução individual específica de cada patologia, com supervisão direta do médico na sala com equipamento de urgência.

EQUIPE MULTIDISCIPLINAR EM CIÊNCIAS DO ESPORTE:

1. Suporte Clínico
Médicos especialistas, Fisioterapeutas, Psicólogos, Profissionais de Educação Física, Nutricionista, Enfermeiros.

2. Suporte de Pesquisa
Fisiologistas, Cinesiologistas, Bioquímicos, Assistentes Sociais e Pesquisadores nas áreas afins.

FASES DA REABILITAÇÃO (RCPM):

É importante lembrar que todas as fases da RCPM são de extrema importância, desde a fase 1 que é intra-hospitalar, passando pela fase 2, que muitas vezes não é realizada, por não indicação do médico assistente ou por não aceitação do paciente.

Na fase 3, a procura pelos centros de Reabilitação Cardíaca são maiores, normalmente o paciente sente a necessidade e o dever de complementar o seu tratamento clínico com o exercício supervisionado, pois melhora a auto-estima, lhe oferece segurança e a sensação de dever cumprido. Nessa fase, o paciente normalmente supera o tempo determinado (6 meses a 24 meses) ficando por um período indeterminado, pois o resultado atingido é satisfatório e gratificante. É por esse motivo que damos uma maior ênfase nesta fase, pois é uma fase de gratificação e consolidação de um trabalho árduo.

A fase 4 é uma fase mais sem compromisso com a supervisão médica, mas pela nossa experiência poucos são aqueles que ultrapassam esta fase, uma vez que se sentem mais seguros mediante a supervisão médica, além da questão da sociabilidade com o grupo (CARVALHO *et al.*, 2006).

Fase 1: Aplica-se ao paciente internado, por descompensação clínica de natureza cardiovascular, pulmonar e metabólica.

Esta fase inicia-se após o paciente ter sido considerado compensado clinicamente, como decorrência da otimização do tratamento escolhido pelo seu medico assistente. Devem predominar a combinação de exercícios físicos de baixa intensidade. A duração desta fase tem decrescido nos anos recentes, em decorrência de internações hospitalares mais curtas. É ideal que a equipe de profissionais seja composta por médico, fisioterapeuta, enfermeiro, nutricionista e psicólogo. Todos os profissionais devem ter sido submetidos a treinamento em RCPM. O programa nesta fase objetiva que o paciente tenha alta hospitalar com as melhores condições físicas e psicológicas possíveis.

Fase 2: É a primeira etapa extra-hospitalar. Inicia-se imediatamente após a alta. Duração prevista: três a seis meses, podendo em algumas situações se estender por mais tempo. Pode funcionar em estrutura que faça parte do complexo hospitalar ou outro ambiente próprio para a prática de exercícios físicos (clube esportivo, ginásio de esportes, sala de ginástica, etc.). A equipe ideal deve incluir médico de preferência com especialização em medicina do esporte, fisioterapeuta, professor de educação física, enfermeiro, nutricionista e psicólogo.

Deve contar com os recursos básicos para o atendimento de emergências. Funciona com sessões supervisionadas pelo médico e/ou professor de educação física. O programa de exercícios deve ser individualizado, em termos de intensidade, duração, frequência, modalidade de treinamento e progressão. Sempre devem existir recursos para a correta determinação da frequência cardíaca e verificação de pressão arterial, além da possibilidade de eventual verificação da saturação de oxigênio, determinação da glicemia e monitoração eletrocardiográfica.

Fazem parte desta fase um programa educacional direcionado à modificação do estilo de vida, com ênfase na reeducação alimentar. A reabilitação nesta fase tem como principal objetivo contribuir para o mais breve retorno do paciente às suas atividades sociais e laborais, nas melhores condições físicas e emocionais possíveis.

Fase 3: Duração prevista: seis a 24 meses. Destina-se a atender imediatamente os pacientes liberados da fase 2, mas pode ser iniciada em qualquer etapa da evolução da doença, não sendo obrigatoriamente sequência das fases anteriores. Portanto, pacientes de baixo risco que não participaram da fase 2 são bons candidatos.

A supervisão de exercícios deve ser feita por profissional especializado em exercício físico (professor de educação física, médico e/ou fisioterapeuta). O principal objetivo é a melhora da qualidade de vida e demais procedimentos que contribuam para a redução do risco de complicações clínicas, como é o caso das estratégias para cessação do tabagismo e reeducação alimentar.

Fase 4: É um programa de longo prazo, sendo de duração indefinida. As atividades não são necessariamente supervisionadas, porém, muitos dos pacientes preferem continuar realizando os exercícios com supervisão médica, por terem uma maior segurança. Nesta fase, os pacientes após cada avaliação médica, principalmente quando são submetidos a testes ergométricos, cuja periodicidade não deve exceder a um ano, devem ser avaliados e orientados na prática, sempre que possível, com algumas sessões supervisionadas de exercícios. Os objetivos principais desta fase é a manutenção da aptidão física. Não há obrigatoriedade de que esta fase seja precedida pela fase 3. A equipe da reabilitação deve propor a programação de atividades que seja mais apropriada, prescrevendo a carga de exercícios que atenda às necessidades individuais.

Na mesma esteira cresce o número de clínicas que oferecem serviço de reabilitação cardíaca, mas surge uma questão a ser respondida: Tais profissionais têm conhecimento dos aspectos éticos e jurídicos que envolvem a sua prática profissional? Estão esses profissionais seguindo os preceitos dos Direitos Humanos, da CRFB/88 e as normas constantes do Código Civil e do Código de Defesa do Consumidor?

Acredita-se que, conhecedores da legislação vigente, tenham tais profissionais maiores possibilidades de exercerem de forma plena suas funções.

A saúde é um direito humano fundamental, tanto quanto o direito à alimentação, habitação, segurança. A declaração Universal dos Direitos Humanos, datada de 1948 em seu art. XXV, assim preleciona:

> **Par. 1º: "Todo homem tem direito a um padrão de vida capaz de assegurar a si e sua família <u>saúde e bem-estar</u>, inclusive alimentação, vestuário, habitação, cuidados médicos e os serviços sociais indispensáveis, e direito à segurança em casos de desemprego, doença, invalidez, viuvez, velhice ou outros casos de perda dos meios de subsistência e circunstâncias fora de seu controle".** (grifo nosso)

Na mesma esteira o direito a vida e a saúde encontra-se estampado na CRFB/88, mas esta inova, apresentando também uma enorme preocupação com a garantia da liberdade individual da pessoa, garantindo que o princípio da autonomia da vontade do paciente seja respeitado.

Tal princípio também é preceituado no Código Civil de 2002 quando aduz que:

> **Art. 15:** "Ninguém pode ser constrangido a submeter-se, com risco de vida, a tratamento médico ou intervenção cirúrgica".

Duas questões são levantadas analisando-se os preceitos legais acima estampados: Sabe o profissional que atua com reabilitação cardíaca quais suas responsabilidades para com estes pacientes? Estão estes profissionais respeitando os direitos de seus pacientes?

Entende-se por Responsabilidade Civil a obrigação de uma pessoa em reparar o dano que causou a outra, ou seja, sempre que uma pessoa desobedecer uma obrigação que assumiu, seja em virtude da lei, seja via contrato, deverá ser responsabilizada e reparar o dano gerado por este descumprimento de obrigação (CAVALIERE, 2000).

Para verificação da responsabilidade do profissional de saúde é necessário que se estabeleça uma diferenciação entre os dois tipos do gênero responsabilidade civil: a responsabilidade de meio e a responsabilidade de resultado (KFOURI NETO, 2007).

A responsabilidade de meio é aquela na qual o profissional tem de atuar de forma prudente e consciente, aplicando toda a sua técnica a fim de obter um resultado satisfatório, mas o profissional não tem obrigação de êxito.

Já a responsabilidade de fim ou de resultado é aquela em que o profissional de saúde assume o risco de obter um resultado satisfatório almejado sob pena de ter inadimplido com sua obrigação.

Via de regra, a obrigação do profissional de saúde é a de meio, sendo somente responsabilizado quando efetivamente comprovado que agiu com negligência ou imprudência. Isto se deve pelo fato de que muito embora a ciência na área de saúde esteja em constante aperfeiçoamento, inúmeras variáveis poderão atuar diretamente sobre aquele caso, como, por exemplo, se o paciente não segue as restrições alimentares impostas à risca, entre outros.

Desta feita, o Código de Defesa do Consumidor e o Código Civil não deixam margem de dúvidas quando preconizam que:

> **Art. 14 CDC:** "A responsabilidade pessoal dos profissionais liberais será apurada mediante verificação de culpa".
>
> **Art. 951 CC:** "O disposto nos arts. 948, 949, 950 aplica-se, ainda, no caso de indenização devida por aquele que, no exercício de atividade profissional, por negligência, imprudência ou imperícia, causar a morte do paciente, agravar-lhe o mal, causar-lhe lesão, ou inabilitá-lo para o trabalho".

A outra questão abordada diz respeito aos direitos do paciente. Segundo o CDC, o paciente tem o direito de saber tudo a respeito de seu tratamento, devendo os profissionais que o acompanham esclarecer minuciosamente todos os sintomas e riscos inerentes a ele de maneira fácil a uma pessoa leiga, obtendo desta um termo de consentimento, documento este que se transforma em garantias tanto para o paciente quanto para o profissional responsável por este, pois demonstra que o paciente teve acesso a todas as informações sobre seu quadro clínico e tratamento.

No caso do tratamento realizado em paciente que não tem condições de responder por si, o profissional deve necessariamente prestar todas as informações ao seu representante legal, sendo certo que este representante assinará o termo como responsável (ALVES *et al.*, 2009).

A autonomia da vontade reside justamente nessa possibilidade que tem o indivíduo de querer ou não querer alguma coisa. Assim sendo, todas as possibilidades têm de ser colocadas a fim de que este tome suas próprias decisões, mesmo que em dissonância com a equipe de saúde que o assiste.

Urge ponderar que o termo esclarecido é de suma importância a fim de evitar transtornos futuros, pois a apresentação deste poderá aumentar as chances de êxito da equipe de saúde no caso de uma eventual ação judicial.

O presente capítulo não tem a intenção de esgotar o assunto, mas tão somente levar ao conhecimento do profissional de saúde que trabalha mais especificamente com a reabilitação cardíaca os limites de sua prática, bem como a atenção que deve ser dada à informação e ao consentimento do paciente, instrumentos essenciais ao sucesso do trabalho empreendido.

REFERÊNCIAS BIBLIOGRÁFICAS

ALVES, A. *et al.* **Aspectos Jurídicos dos Serviços de Reabilitação Cardíaca. Termo de Consentimento Informado.** Jornal de Medicina do Exercício, abril/junho, 2009.

AZAMBUJA, E. *et al.* **Impacto Econômico dos Casos de Doença Cardiovascular Grave no Brasil: uma Estimativa Baseada em Dados Secundários.** Arq. Bras. Cardiol. 2008; 91(3): 163-171.

BRASIL. **Constituição da República Federativa do Brasil**. São Paulo: Saraiva, 1988.

BRASIL. **Código Civil Brasileiro**. São Paulo: Saraiva, 2002.

BRASIL. **Código de Defesa do Consumidor**. São Paulo: Saraiva, 1990.

CARVALHO, T. *et al.* **Diretriz de reabilitação cardiopulmonar e metabólica: aspectos práticos e responsabilidades**. Arq. Bras. Cardiol. v. 86, n° 1, 2006.

CAVALIERE FILHO, S. **Programa de Responsabilidade Civil**, 8ª ed, São Paulo: Editora Atlas, 2009.

Declaração Universal dos Direitos Humanos, 1948. Disponível em: *<http://www.mj.gov.br/sedh/ct/legis_intern/ddh_bib_inter_universal.htm>*. Acesso em: 11/01/2010.

NOVAES, J. S.; VIANNA, J. M. **Personal training & condicionamento físico em academia**, 3ª ed., Editora Shape, 2009.

NUNES, R. A. M.; PONTES, G. F. R.; DANTAS, P. M. S.; FERNANDES FILHO, J. **Tabela referencial de condicionamento cardiorrespiratório.** Fitness & Performance Journal. vol. 4, 1: 27-33, 2005.

OLIVEIRA, M. A. B. *et al.* **Diretriz da SBME: morte súbita no exercício e no esporte.** Rev. Bras. Med. Esporte. v. 11, supl. 1, 2005.

KFOURI NETO, M. **Responsabilidade Civil do Médico**, 6ª ed., São Paulo: Editora Revista dos Tribunais, 2007.

2. Fisiologia Cardiorrespiratória

Capítulo 2

Rodolfo Alkmim Moreira Nunes

VENTILAÇÃO PULMONAR

A respiração é o processo pelo qual o ar entra e sai dos pulmões, provendo um meio de troca gasosa entre o meio interno e o ambiente externo. As células do organismo necessitam de oxigênio para desempenhar suas diversas funções. Esse oxigênio não pode ser produzido por elas, então, faz-se necessário que esse oxigênio seja captado do meio ambiente e conduzido até os pulmões, locais estes onde ocorrerá a hematose, transformação do sangue venoso em sangue arterial. A captação do oxigênio e sua condução até os pulmões serão funções do sistema respiratório (GUYTON & HALL, 2006).

A respiração pulmonar se faz pelos chamados movimentos respiratórios: a inspiração e a expiração. Segundo Nunes, Novaes & Novaes (2004), na mulher os movimentos respiratórios são acionados pelas costelas, músculos intercostais e diafragma e são percebidos no tórax – respiração torácica. A frequência é de 18 a 20irm (incursões respiratórias por minuto) – inspiração e expiração. No homem, os músculos acionados são: os músculos do abdômen – respiração abdominal. A frequência é de 16 a 20irm (inspiração e expiração). A criança tem frequência respiratória maior que a mulher, cerca de 20 a 25irm (inspiração e expiração).

As vias aéreas superiores filtram o ar atmosférico minimizando as chances de infecções respiratórias, desta maneira o ar chega à traqueia oriundo da faringe umidificado e com certo grau de pureza. Para chegar aos pulmões direito e esquerdo, a traqueia se ramifica em dois brônquios e estes, por conseguinte, em duas árvores brônquicas que irão se ramificar várias vezes formando os bronquíolos, que se subdividem nos alvéolos, chegando finalmente às menores unidades respiratórias onde ocorrem as trocas gasosas nos pulmões (AIRES *et al.*, 2008).

Através da difusão entre o sangue e o ar alveolar ocorrerá a excreção de dióxido de carbono e a absorção de oxigênio. A capacidade de difusão do oxigênio aumentará com o exercício, devido à elevação do gradiente de pressão na membrana respiratória, facilitando a captação de oxigênio e a sua utilização pelas células (WILMORE & COSTIL, 2001).

O oxigênio é transportado pelo sangue combinado à hemoglobina dos eritrócitos, formando o complexo oxiemoglobina (98%) ou dissolvido no plasma sanguíneo (2%). Cada molécula de hemoglobina pode transportar quatro moléculas de oxigênio. A ligação do oxigênio à hemoglobina depende da PO_2 do sangue e da afinidade entre o oxigênio e a hemoglobina. Esta afinidade depende de vários fatores como o pH e a temperatura e estes irão favorecer a associação do complexo oxiemoglobina a nível pulmonar e a dissociação a nível tecidual quando este for necessário (POWERS & HOWLEY, 2000).

No exercício, o córtex estimula o centro respiratório aumentando as incursões respiratórias. Alterações da temperatura e da química do sangue arterial com o metabolismo muscular aumentam a descarga de oxigênio para os músculos, que aumenta a diferença arteriovenosa de O_2. Os quimiorreceptores detectam o aumento de íons de hidrogênio e do dióxido de carbono no sangue estimulando o centro respiratório a aumentar a profundidade e a frequência respiratória (WILMORE & COSTIL, 2001).

Em estudo correlacional recente entre o VO_2máx de pista com a capacidade vital forçada Ennes *et al.*(2003) concluíram que as variações dos perímetros torácicos na altura subaxilar estabelecem uma boa correlação com a capacidade vital forçada, e esta pode ser um índice confiável a ser utilizado como fator de seleção de indivíduos com potencial para bom desempenho aeróbico.

ELETROFISIOLOGIA DO CORAÇÃO

O sistema cardiovascular é fechado, sem comunicação com o exterior. Esse sistema é de fundamental importância para o corpo humano, pois, através dele, o sangue será levado a todas as células do corpo humano fornecendo-lhes o oxigênio e nutrientes necessários para o desempenho de suas funções. Composto por dois circuitos de sangue separados que servem para transportar e distribuir substâncias essenciais para os tecidos, assim como remover os produtos provenientes do metabolismo (AIRES *et al.*, 2008).

O principal órgão do sistema cardiovascular encontra-se localizado posteriormente ao osso esterno, superiormente ao músculo diafragma e entre os dois pulmões em um espaço denominado mediastino médio. A força de contração do coração faz com que o sangue exerça uma pressão nas paredes internas das artérias (túnica interna), que pode ser sentido através da verificação da pressão arterial. O coração também possui um ritmo de pulsação constante, esse ritmo pode ser aumentado ou diminuído de acordo com uma maior ou menor necessidade de oxigenação celular (POWERS & HOWLEY, 2000).

O coração é composto de dois sincícios funcionais, os átrios de paredes finas e os ventrículos de paredes espessas. Todas as estruturas que compõem o coração, ou seja, átrios, ventrículos, valvas e os dois troncos arteriais que saem dos ventrículos estão ligados ao esqueleto fibroso do coração, que consiste de quatro anéis de tecido conjuntivo denso denominados ângulos fibrosos. O sincício atrial, artéria aorta, artéria pulmonar e valvas semilunares estão ancorados à superfície superior do esqueleto fibroso, enquanto o sincício ventricular, as valvas mitral e tricúspide, à superfície inferior (FARDY, YANOWITZ & WILSON, 1998).

Do ponto de vista estrutural, o coração do homem possui quatro câmaras: duas primárias, os átrios direito e esquerdo, e duas de potência, os ventrículos direito e esquerdo, formados por células miocárdicas contráteis. Os átrios funcionam primariamente como reservatórios para o retorno do sangue venoso durante a sístole ventricular e conduzindo ao ventrículo durante a diástole. A contração atrial pouco antes do fechamento das valvas mitral e tricúspide aumenta a força contrátil da sístole ventricular (McARDLE, KATCH & KATCH, 1992).

Imersas nessa massa muscular contrátil, existem estruturas especializadas na gênese e condução do estímulo elétrico. No átrio direito, próximo à junção da veia cava superior, situa-se o nódulo sinoatrial (NSA) também conhecido como marcapasso cardíaco, que confere o ritmo constante de contração e relaxamento do coração denominado de frequência cardíaca (FARDY, YANOWITZ & WILSON, 1998).

A circulação é um circuito contínuo subdividido em pulmonar e sistêmico. Na circulação pulmonar, o sangue venoso flui do átrio direito para o ventrículo direito, este ejeta o sangue para a artéria pulmonar e seguindo para os capilares pulmonares. Através da difusão entre o sangue e o ar alveolar ocorrerá a excreção de dióxido de carbono e a captação de oxigênio. O sangue oxigenado retorna ao coração pelas veias pulmonares para o átrio esquerdo e deste para o ventrículo esquerdo, que ejeta sangue arterial para a artéria aorta (AIRES *et al.*, 2008).

A partir do sistema de artérias de distribuição da circulação sistêmica será conferida a prioridade central ou periférica, que pode alterar o calibre arteriolar por controle neural ou metabólico. As arteríolas suprem a necessidade tecidual drenando o sangue para os capilares onde o oxigênio e outros metabólitos fluem para o espaço extracelular. Por conseguinte, os produtos do metabolismo celular passam para o líquido extracelular e deste para o sangue nas vênulas que correm na direção das veias. As grandes veias chegam ao átrio direito como veia cava superior e inferior retornando com o sangue venoso e completando o círculo cardíaco (FARDY, YANOWITZ & WILSON, 1998).

O débito cardíaco que é o produto da frequência cardíaca e do volume sistólico vai nos informar quanto de sangue estará transportando oxigênio a partir do coração por minuto, sendo essencial na verificação do VO_2máx. Durante o exercício intenso, o débito cardíaco pode aumentar cerca de quatro vezes em relação aos níveis de repouso no indivíduo sedentário e até oito vezes em atleta de esporte de resistência. A frequência cardíaca no sedentário tende a ser um pouco maior que no atleta, porém, o volume sistólico muito maior no atleta do que no sedentário saudável da mesma faixa etária faz o volume de ejeção ser superior e, consequentemente, o débito cardíaco (WILLIAMS, 2002).

Enfatizando a importância do volume de ejeção nos valores do VO_2máx McArdle, Katch & Katch (1992) realizou estudo comparativo com três grupos: atletas, sedentários saudáveis e pacientes com estenose mitral. Os valores médios para o VO_2máx absoluto foram respectivamente 5,2l/min.; 3,2l/min.; 1,6l/min., sendo que a frequência cardíaca máxima foi muito semelhante nos três grupos (190bpm; 200bpm; 190bpm). As diferenças no débito cardíaco e no VO_2máx 50% maior do grupo sedentário saudável para o grupo patológico e 60% maior do grupo atleta para o grupo sedentário saudável se deve quase inteiramente aos valores do volume de ejeção máxima (160ml; 100ml e 50ml).

APTIDÃO CARDIORRESPIRATÓRIA

A aptidão cardiorrespiratória está relacionada à capacidade do indivíduo de realizar exercício dinâmico de intensidade moderada a alta, usando grande massa muscular durante períodos relativamente longos, sendo dependente dos sistemas cardiovascular, respiratório, muscular e suas relações fisiológico--metabólicas. A eficiência do sistema cardiorrespiratório pode ser avaliada medindo-se a capacidade aeróbia máxima (VO_2máx) em um só parâmetro, que permite uma avaliação global deste sistema ao invés de se examinar cada um de seus componentes (GUYTON & HALL, 2006).

Na realidade, o VO_2máx depende essencialmente do débito cardíaco máximo e da diferença arteriovenosa máxima. Do ponto de vista matemático, os valores podem ser quantificados segundo a Equação de Fick:

$$VO_2 = Q \times a - v \, O_2$$

Q = débito cardíaco $\rightarrow$ $Q = FC \times VS$
FC = frequência cardíaca
VS = volume sistólico
$a - v \, O_2$ = diferença arteriovenosa de O_2

As necessidades dos indivíduos treinados ou destreinados são semelhantes tanto em repouso quanto em esforço, com isto os valores do débito cardíaco de uma atividade física com certa intensidade serão compatíveis nos dois grupos. A diferença se baseia em como atingir os mesmos valores de débito cardíaco – no caso dos treinados seria através de volume sistólico elevado e nos destreinados, que não teriam uma bomba cardíaca de grande eficácia, seria através de frequência cardíaca elevada. Portanto, os treinados com a elevação mais gradual de sua frequência cardíaca suportariam atividades mais intensas (ARAÚJO, 1986).

O consumo máximo de oxigênio (VO_2máx) é um parâmetro fisiológico que expressa a quantidade de oxigênio que consome ou usa o organismo. Segundo Powers & Howley (2000), a medição direta ou a estimativa indireta deste parâmetro nos permite quantificar o metabolismo de energia, desde que o oxigênio seja usado como comburente nas combustões que acontecem a nível celular e que ele permita a transformação da energia química (isso reside nos princípios imediatos nutricionais, hidratos de carbono, lipídeos, proteínas) em energia mecânica (contração muscular).

O consumo de oxigênio representa a quantidade de oxigênio utilizada pelo organismo no intervalo de um minuto. A presença de oxigênio (O_2) é indispensável na produção de energia orgânica, portanto, quanto maior for a capacidade de consumo de oxigênio (VO_2), maior será a energia para enfrentar os processos vitais. Segundo Nunes, Machado & Fernandes Filho (2002) a captação de oxigênio aumenta de forma linear durante o exercício progressivo até que o VO_2máx seja atingido.

A capacidade de realizar exercício de média e longa duração está relacionada ao metabolismo aeróbico e o VO_2máx é o melhor indicador indireto do gasto energético do organismo, o qual é medido em quilocalorias. O VO_2 é normalmente medido em litros de oxigênio por minuto, quando expresso em sua forma absoluta. O VO_2máx na forma absoluta pode ser utilizado quando o protocolo não exige do indivíduo a manutenção da massa corporal, pode-se verificar este fato em protocolos de laboratórios que utilizam cicloergômetros ou remoergômetros ou, ainda, em protocolos que utilizam o meio líquido (MARINS & GIANNICHI, 2003).

O VO_2máx também pode ser expresso na forma relativa em mililitros de oxigênio por quilograma de massa corporal a cada minuto. O VO_2máx quando expresso em sua forma relativa é indicado quando o protocolo utilizado na avaliação exige do indivíduo a manutenção da massa corporal, pode-se verificar este fato em protocolos de laboratórios que utilizam tapete rolante ou banco e testes de campo (FERNANDES FILHO, 2003).

Segundo a ACSM (2003), a potência aeróbica máxima absoluta reflete a capacidade de desempenhar um trabalho mecânico e a potência aeróbica máxima relativa reflete melhor a capacidade de se movimentar o próprio corpo e está inversamente relacionada com a quantidade de gordura corporal.

Segundo Antoniazzi (1999), Plowman e Smith (1997), o consumo máximo de oxigênio é a maior quantidade de oxigênio que o corpo pode consumir, transportar e utilizar durante o exercício pesado. Utiliza-se o VO_2máx para indicar o volume de oxigênio consumido. O corpo depende do sistema respiratório para conduzir o oxigênio do meio ambiente, do sistema cardiovascular para transportar o oxigênio, das células para extraírem o oxigênio e utilizá-lo para produção de energia. Portanto, a avaliação do VO_2máx nos confere uma medida quantificada da capacidade funcional do sistema cardiorrespiratório completo.

O consumo de oxigênio (VO_2) de um indivíduo em repouso na posição sentado é estimado como igual ao seu peso corporal multiplicado por valor constante de 3,5. O VO_2 de repouso também chamado de equivalente metabólico (MET) permite expressar o gasto energético de uma atividade em relação aos níveis de repouso. Os valores do VO_2 de repouso se apresentam da mesma forma para sedentários como para atletas, porém, quando medidos em situações de esforço máximo, os indivíduos treinados apresentam valores de VO_2máx até duas vezes maior do que aqueles apresentados por indivíduos sedentários (DENADAI, 1999).

Para Diaz (2000), Stamford (1988) e Rocha (1982), o VO_2 máx é o produto do rendimento cardíaco máximo e a extração máxima de oxigênio do sangue através dos tecidos trabalhados, sendo a referência mais expressiva da capacidade de trabalho aeróbico.

FATORES DETERMINANTES DA APTIDÃO CARDIORRESPIRATÓRIA

A importância da genética na determinação dos valores absolutos do VO_2máx tem sido estudada por vários autores, destacando-se Bouchard *et al.* (1992) e Fronteira *et al.* (2001) pela comparação de irmãos gêmeos univitelinos (monozigóticos) e bivitelinos (dizigóticos). Os univitelinos possuem valores do VO_2máx muito similares, enquanto para os bivitelinos a variabilidade de valores é maior. Os autores chegaram a expressar que os fatores genéticos estariam envolvidos de 25% a 50% nas variações do VO_2máx.

Segundo Tritschler (2003), os níveis de VO_2máx elevados dos atletas de elite nos esportes de resistência são atribuídos em cerca de 40% ou mais à variabilidade genética. Porém, independentemente do potencial genético, o treinamento aeróbico consistente pode alterar o VO_2máx em cerca de 50%.

Existe um declínio linear na aptidão cardiorrespiratória e no consumo máximo de oxigênio com o aumento da idade, a um ritmo de cerca de 1% por ano. A potência aeróbica máxima diminui cerca de $0,45mlO_2$/kg/minuto por ano entre as idades de 20 e 65 anos nos homens e $0,3mlO_2$/kg/minuto nas mulheres (WILLIAMS, 2002).

O ritmo de declínio do VO_2máx com o avançar da idade é aproximadamente duas vezes mais rápido em indivíduos sedentários do que nos atletas. Indivíduos fisicamente ativos e atletas têm valores básicos de VO_2máx mais altos e um menor decréscimo com o aumento da idade, estes dados foram relatados em diversos estudos nesta área, destacando-se Williams (2002), Hagberg (1987), Rodeheffer *et al.* (1984) e Heath *et al.* (1977).

Shephard (1997) e Antoniazzi (1999) colocam que a perda da aptidão cardiorrespiratória relacionada à idade é também maior em mulheres do que em homens, devido à massa corporal ser composta de maneira diferente com relação ao sexo. As mulheres perdem maior quantidade de massa muscular do que homens, além de ganhar maior quantidade de gordura corporal em relação aos homens com o avançar da idade.

Uma ferramenta prática e extremamente útil é o índice de massa corporal (IMC), que é definido como a razão do peso corporal total em quilogramas pela estatura elevada ao quadrado expressa em metros. Os valores de IMC acima de 25 podem apresentar perfis de composição corporal complicados (TRITSCHLER, 2003).

Para se observar o perfil de comunidades com relação ao condicionamento físico, pesquisadores como Woellner & Kerkoski (2004), além de Maia, Theves & Oliveira (2003) estão analisando modificações no desempenho físico de indivíduos ativos com o envelhecimento. As variáveis escolhidas nos estudos foram o VO_2máx e o IMC. Em ambos, os indivíduos ativos tiveram ganhos consideráveis dos valores de VO_2máx em todas as faixas etárias estudadas, após 12 meses de acompanhamento. Já os valores de IMC não tiveram alterações importantes, com exceção ao sexo feminino na faixa etária de 60 a 69 anos.

Estudo em academia no Rio de Janeiro fez uma comparação entre índices de sobrepeso e obesidade para associar o excesso de peso ao risco de doença cardiovascular. Cunha *et al.* (2003) observaram que com exceção da faixa etária dos 30 a 39 anos, o IMC demonstrou ser o índice mais sensível à detecção de níveis de obesidade relacionados ao possível risco coronariano.

Tem-se evidenciado por vários autores como Freitas *et al.* (2004), Alves & Lima (2004) que a composição corporal com valores altos do IMC pode apresentar informações de riscos à saúde e ter relação inversa com a capacidade aeróbica dos indivíduos. Almas *et al.* (2004) ressaltam que devido à constatação através dos valores crescentes do IMC e da concomitante redução dos níveis metabólicos basais e de repouso, torna-se necessária a aderência a programas de condicionamento físico e emagrecimento.

O IMC constitui, nos dias atuais, a ferramenta mais utilizada para o diagnóstico quantitativo de obesidade. Segundo Neves & Santos (2003) e Carvalho *et al.* (2004), os valores do IMC elevados podem representar associação à ampla variedade de patologias responsáveis pela taxa de mortalidade no Brasil. Classificação de sobrepeso segundo o IMC: <18.5 (magro), 18.5-24.9 (normal), 25-29.9 (sobrepeso), 30-39.9 (obesidade), acima de 40 (obesidade extrema).

Recente estudo foi realizado em academia no Rio de Janeiro com o objetivo de relacionar os índices de sobrepeso (% gordura) e obesidade (IMC) de ambos os sexos em sedentários por faixas etárias com 3.100 indivíduos. O resultado mostra que as faixas etárias estão dentro da curva de normalidade de caracterização amostral, menos a acima de 60 anos. Os autores também colocam que segundo a OMS as faixas que estariam na área de risco à saúde de doenças cardiovasculares e endócrino-metabólicas estão entre 30 e 59 anos (SILVA JR *et al.*, 2003).

Segundo estudo de Amaral & Silva (2003) em avaliação de idosos ativos regulares do sexo feminino com idade média de 60.72 (s = 8.75), IMC com média de 28.91 (s = 5.12) e VO_2máx médio de 24.58 (s = 5.01), os resultados colocam que as mulheres idosas ativas com VO_2máx considerado bom podem ter o IMC considerado com sobrepeso.

A relação entre adiposidade corporal com a aptidão cardiorrespiratória é observada por Levandoski Jr, Stroher & Hobold (2004), que conclui que à medida que os indivíduos apresentavam maiores níveis de adiposidade diminuía a capacidade aeróbica. Na mesma direção caminha Marra *et al.* (2003) e Alcântara & Pusseldi (2004), que acharam forte correlação entre os níveis de composição corporal e a eficiência do sistema cardiorrespiratório.

Os valores médios de VO_2máx de ambos os sexos são semelhantes até a puberdade. Após a puberdade, o VO_2máx relativo (mlO_2/kg/min) para mulheres é aproximadamente 10% a 20% menor do que nos homens de idade e aptidão física comparáveis, principalmente devido ao maior percentual médio de gordura e menor concentração de hemoglobina no sexo feminino (FRONTERA *et al.*, 2001).

Afirmativa confirmada por Grando, Marcante e Piet (2003), que realizaram estudo com indivíduos de ambos os sexos com idades compreendidas entre 15 e 50 anos, utilizando protocolo de Balke para corrida de 15 minutos, onde o resultado apresentado mostrou estatística semelhante, devido a fatores hormonais particulares a cada gênero, que influenciam no metabolismo sistêmico.

McArdle, Katch e Katch (1991) colocam que os indivíduos tanto ativos quanto sedentários têm um declínio de aptidão aeróbica influenciado pelas várias reduções homeostáticas centrais ou periféricas do sistema cardiorrespiratório associadas ao transporte à utilização do O_2 relacionadas ao aumento da idade cronológica.

Para que se possa entender a contribuição dos mecanismos centrais e periféricos no mecanismo fisiopatológico da insuficiência cardíaca congestiva (ICC), Guths *et al.* (2003) realizaram estudo com quatorze pacientes com ICC e analisaram a correlação entre a potência circulatória (PAS de pico multiplicada pelo VO_2 de pico) e as variáveis derivadas da cinética de recuperação do VO_2 após a ergoespirometria. Observaram a boa correlação para que a influência seja central, porém, é possível que mecanismos periféricos ainda não totalmente elucidados estejam associados a este prognóstico.

Silva & Albergaria (2004), Howley (1995) e Drinkwater *et al.* (1979) afirmam que o VO_2máx é comumente interpretado como o limite funcional do sistema cardiovascular e como um índice de aptidão cardiorrespiratória, possibilitando verificar o efeito do treinamento, destreinamento e a exposição à altitude.

Segundo Powers & Howley (2000), a queda do rendimento em corrida de longa distância na altitude está relacionada com a diminuição da potência aeróbica máxima. O VO_2máx diminui de modo linear com a elevação da altitude: 12% a 2.400 metros, 20% a 3.100 metros, 25% a 4.000 metros.

Duncan, Howley, Johnson (1997) relatam que o VO_2máx, além de ser conceitualmente definido e utilizado na avaliação diagnóstica como a capacidade do indivíduo em transportar e utilizar o oxigênio durante a atividade física, também será importante na avaliação formativa e na tabulação dos dados para enquadrar o indivíduo na curva de normalidade e comparar grupos de indivíduos.

Segundo Dantas (2003, p. 125), o treinamento cardiopulmonar seria, portanto:

> Parte da preparação física que visa provocar alterações no organismo, principalmente nos sistemas cardiocirculatório e respiratório, incluindo o sistema de transporte de oxigênio e o mecanismo de equilíbrio ácido-base, de forma a propiciar uma melhoria na *performance*.

Os testes facilitam a medição de fatores específicos fundamentais que, quando forem determinados, serão importantes no que se refere ao rendimento. Estes fatores, uma vez medidos, podem ser avaliados para desenvolver estratégias apropriadas de treinamento que ajudem a superar qualquer tipo de desvantagem (FADIGA NETTO *et al.*, 2004).

O VO_2 aumenta linearmente com a intensidade do exercício até alcançar seu valor máximo (VO_2máx). A determinação do consumo máximo de oxigênio (VO_2máx) avalia, por conseguinte, a capacidade física máxima de treinamento (ASTRAND, 1972).

A avaliação da aptidão cardiorrespiratória nos permite quantificar e direcionar o trabalho adequadamente. O desempenho físico do ser humano está diretamente relacionado com a idade, sexo, composição corporal e condições ambientais. Ter informação que indicará se o indivíduo está realmente realizando o exercício na direção correta a fim de alcançar eficazmente as metas propostas (FAZOLO *et al.*, 2003).

Montoya (1995) afirma que a capacidade de consumo de oxigênio em pessoas treinadas é maior do que em pessoas destreinadas e que a razão para este fato é que, com o treinamento, o indivíduo possui uma maior irrigação e vascularização sanguínea em nível muscular, tendo seu rendimento otimizado. O VO_2máx elevado tem também grande contribuição na capacidade do indivíduo em suportar esforços submáximos por tempo prolongado.

Ratificando a afirmativa de Montoya (1995), Flausino *et al.* (2004) realizaram estudo comparativo do VO_2máx de mulheres com idades entre 60 e 70 anos em um programa de exercícios, que consistia em caminhadas três vezes por semana com duração de 45 minutos. O resultado médio do VO_2máx em teste e reteste foi de $17.87mlO_2$/kg/min.(s = 11.11) e $21.64mlO_2$/kg/min. (s = 11.11), respectivamente.

Denadai (1995), Lewis e Haller (1989) afirmam que o VO_2máx é influenciado pelo potencial oxidativo das fibras musculares, portanto: a deficiência de enzimas como a fosfofrutoquinase, a deficiência no transporte mitocondrial de elétrons e a diferença arteriovenosa de oxigênio podem influenciar na utilização de O_2 em nível muscular, indicando uma limitação periférica.

Rinaldi (2001), Basset e Howley (1997) afirmam que a causa primária da limitação do VO_2máx é de natureza central (sistemas cardiovascular e pulmonar), sendo que outros fatores, principalmente os de natureza periférica (muscular), são secundários. A capacidade do sistema cardiovascular no transporte de oxigênio para as células é o principal fator limitante do VO_2máx. A primeira evidência seria que o VO_2máx atinge valores similares tanto em protocolos que utilizam membros inferiores e superiores, como naqueles que utilizam somente os membros inferiores.

Richardson, Harms, Grassi e Hepple (2000) dizem que aproximadamente 85% do fluxo sanguíneo na demanda do débito cardíaco durante o exercício é utilizado pelo músculo esquelético, indicando claramente a inter-relação entre o sistema cardiovascular (oferta de O_2), que está diretamente ligado à limitação central, e músculo esquelético (demanda de O_2), que se relaciona como limitação periférica, o que foi confirmado em outros estudos por Hepple (2000) e Harms (2000).

O objetivo destes estudos foi verificar estas variáveis (limitação central e periférica) e tem indicado que para indivíduos sedentários a limitação é principalmente periférica, ou seja, a capacidade oxidativa mitocondrial tem papel predominante na utilização máxima de O_2, enquanto em indivíduos treinados a limitação parece estar associada à oferta de O_2, indicando limitação central.

Shephard (1997) e Antoniazzi (1999) sugerem que um aumento de 20% no VO_2máx pode equivaler à grande melhora na qualidade de vida, como se houvesse um rejuvenescimento de 20 anos. Além disto, os indivíduos com valores de VO_2máx maiores do que 13 METs têm a taxa de mortalidade extremamente baixa no prazo de 5 anos.

Para avaliar as limitações funcionais dos indivíduos com patologia cardíaca, Weber *et al.* (apud FARDY, YANOWITS & WILSON, 1998) criou um sistema de graduação funcional, por meio do VO_2máx medido diretamente no tapete rolante. A gravidade da insuficiência cardiorrespiratória aumentava da classe A até a classe D, com os seguintes valores de VO_2máx (ml/kg/min): A (>20); B (16-20); C (10-15) e D (<10).

REFERÊNCIAS BIBLIOGRÁFICAS

AIRES, M. M. *et al.* **Fisiologia**. 3ª ed., Rio de Janeiro: Guanabara Koogan, 2008.

ALCANTARA, A. C.; PUSSIELDI, G.A. **Comportamento do percentual de gordura, IMC e VO$_2$máx em mulheres entre 25 e 35 anos antes e após treinamento de força.** FIEP Bulletin, special edition, 2004, v. 74: 75.

ALMAS, T. P.; FERREIRA, C. A. A.; FERREIRA, A. L. M.; FRADE, R. D.; MELLO, D. B.; ALBERGARIA, M. **Análise da composição corporal de indivíduos sedentários do gênero masculino moradores de Vargem Grande – RJ**. FIEP Bulletin, special edition, 2004, v. 74: 37.

ALVES, C. S.; LIMA, C. C. **Avaliação do índice de massa corporal como fator de risco para a síndrome das apneias hipopneias obstrutivas do sono**. FIEP Bulletin, special edition, 2004, v. 74: 105.

AMARAL, J. C.; SILVA, S. F. **Avaliação da Capacidade Aeróbica e IMC em idosos praticantes de um programa de atividade física na cidade de Itaúna**. FIEP Bulletin, special edition, 2003. v. 73: 60.

AMERICAN COLLEGE OF SPORTS MEDICINE. **Diretrizes do ACSM para os Testes de Esforço e sua Prescrição.** 6ª ed., Rio de Janeiro: Guanabara Koogan, 2003.

ANTONIAZZI, R. M. C. **Alteração do VO$_2$máx de indivíduos com idades entre 50-70 anos, decorrente de um programa de treinamento com pesos.** Dissertação de Mestrado. UFSM, Santa Maria-RS, 1999.

ARAUJO, B. A. **Ergometria e Cardiologia Desportiva**. Rio de Janeiro: Medsi, 1986.

ASTRAND, P. O. **Experimental Studies of Physical Working Capacity** *in* **Relation to Sex and Age.** Progress Cardiovascular Diseases, 1972.

BASSET JR., D.; HOWLEY, E. T. **Maximal oxygen uptake: classical versus contemporary viewpoints.** Med Exerc Sport Exerc, 1997. 591-601.

BOUCHARD, C.; DIONNE, F. T.; SIMONEAU, A. J.; BOULAY, M. R. **Genetics of aerobic and anaerobic performances**. Exerc Sport Sci Rev, 1992. 20: 27-58.

CARVALHO, H.; GARCIA, L. S. N.; SILVA, V. R.; PEPATO, S. **Relação do índice de massa corporal de escolares em dois níveis sócioeconômicos**. FIEP Bulletin, special edition, 2004, v. 74: 67.

CUNHA, R. S. P.; LA PORTA JR., M. A. M.; SILVA, R. F.; ZARY, J. C. F.; MARTINS, M. E. A. & FERNANDES FILHO, J. **Comparação entre índices de sobrepeso e obesidade (% G e IMC) em alunos de musculação da aca-**

demia do Esporte Clube São João. Fitness & Performance Journal, 2003. v. 02. 04: 252.

DANTAS, E. H. M. **A Prática da Preparação Física**. 5ª ed., Rio de Janeiro: Shape, 2003.

DENADAI, B. S. **Consumo máximo de oxigênio: fatores determinantes e limitantes.** Rev. Bras. Ativ. Fís. Paraná, 1995. v. 1, 1: 85-94.

DENADAI, B. S. **Índices Fisiológicos de Avaliação Aeróbica: conceitos e aplicações**. Ribeirão Preto: BSD, 1999.

DIAZ, J. **Evaluación de la aptitud física y desarrollo motor**. Chile: Arica, 2000. 2: 81-82.

DRINKWATER, B. L. *et al.* **Aerobic power of females, ages**. J Gerontol, 1979.

DUNCAN, E. G.; HOWLEY, E. T.; JOHNSON, B. **Applicability of VO$_2$máx criteria: discontinuous versus continuous protocols.** Med Sci Sport Exerc, 1997. 273-277.

ENNES, M. G.; REIS, J. C.; TAVARES, H. S.; ALMEIDA, L. A.; CAFÉ, T. M. **Estudo de correlação entre o VO$_2$máx de pista com a capacidade vital forçada.** FIEP Bulletin, special edition, article, 2003, v. 73: 181-184.

FADIGA NETO, E.; SAPUCAHY, L.; LIMA, R.; MELLO, D.; ALBERGARIA, M. **A Percepção da importância da Avaliação Funcional dos praticantes de musculação sob a ótica dos professores de educação física de academias nas zonas norte, sul e oeste do Rio de Janeiro**. FIEP Bulletin, special edition, 2003, v. 73: 170.

FARDY, P. S.; YANOWITZ, F.G. & WILSON, P. K. **Reabilitação Cardiovascular: Aptidão Física do Adulto e Teste de Esforço.** Rio de Janeiro: Revinter, 1998.

FAZOLO, E.; SILVA, E.; FREITAS, W. Z.; OLIVEIRA, J. A.; DANTAS, E. H. M. **Capacidade Cardiorrespiratória de indivíduos iniciantes em programa de treinamento em academia**. FIEP Bulletin, special edition, 2003, v. 73: 161.

FAZOLO, E.; TUCHE, W. S.; BARBOSA, M. A.; SANTOS, L. A.; VOIGHT, L.; CUNHA, R. S.; DANTAS, P. M.; FERNANDES FILHO, J. **Comparação entre as médias do VO$_2$máx previsto e observado em programa de treinamento na academia**. Rev. Brasileira Medicina do Esporte, 2003, v. 09, 1: S48.

FERNANDES FILHO, J. **A Prática da Avaliação Física**. 2ª ed., Rio de Janeiro: Shape, 2003.

FLAUSINO, N. H.; CARVALHO, R. D.; RIBEIRO, D.F.; BANHOS, A.; TEODORO, C. A. C. **Comparação do VO$_2$máx de mulheres de 60 a 70 anos em um programa de exercícios de três meses**. FIEP Bulletin, special edition, 2004, v. 74: 72.

FREITAS, W. Z.; SILVA, E.; FONSECA, S. S.; ARAÚJO, M. B.; MACHADO, J.; MATIAS, V. D.; AMARAL, C. A.; RABELO, A. S.; DANTAS, E. H. M. **Avaliação da pressão arterial e índice de massa corporal em indivíduos idosos**. FIEP Bulletin, special edition, 2004, v. 74: 142.

FRONTERA, W. R.; DAWSON, D. M.; SLOVIK, D. M. **Exercício Físico e Reabilitação**. Porto Alegre: Artmed, 2001.

GHETHS, M.; MORAES, L. F. R. **Os efeitos no organismo humano a longo prazo do exercício aeróbico**. FIEP Bulletin, special edition, 2004. v. 74: 169.

GRANDO, J.; MARCANTE, V.; PIET, S. **Avaliação do consumo de oxigênio (VO_2máx) em indivíduos entre 15 e 50 anos utilizando o teste de Balke**. FIEP Bulletin, special edition, 2003, v. 73: 114.

GUYTON, A. C.; HALL, J. E. **Tratado de Fisiologia Médica.** 11ª ed., Editora Elsevier, 2006.

GUTHS, H.; CHIAPPA, G. R.; MAGNAN, E. C.; DALL'AGO, P.; RIBEIRO, J. P. **Contribuição de mecanismos centrais e periféricos para a cinética de recuperação do consumo de oxigênio em pacientes com insuficiência cardíaca**. Rev. Brasileira Medicina do Esporte, 2003, v. 09, 1: S40.

HAGBERG, J. M. **Effect of training on the decline of VO_2máx with aging**. Fed Proc, 1987. 46: 1830-1833.

HARMS, C. A. **Effect of eskeletal muscle demand on cardiovascular fuction.** Med Sci Sport Exerc, 2000. 94-99.

HASKELL, W.; SAVIN, W.; OLDRIDGE, N.; DeBUSK, R. **Factors influencing estimated oxygen uptake during exercise testingsoon after myocardial infarction.** Am J Cardiol, 1982. 50: 299-304.

HEATH, G. W. *et al.* **A physiological comparison of young and older endurance athletes.** J Appl Physiol,1977. 42: 372-376.

HEPPLE, R. T. **Skeletal muscle: microcirculatory adaptation to metabolic demand.** Med Sci Sport Exerc, 2000. 117-127.

HOWLEY, E.; BASSET JR., D. A.; WELCH, H. G. **Criteria for maximal oxygen uptake: review and commentary.** Med Sci Sport Exerc, 1995. 1292-1299.

LEVANDOSKI JR, L.; STROHER, S. M.; HOBOLD, E. **Correlação entre Adiposidade Corporal e a Aptidão Cardiorrespiratória**. FIEP Bulletin, special edition, 2004, v. 74: 66.

LEWIS, S. F.; HALLER, R. G. **Skeletal muscle disorders and associated factors that limit exercise performance.** Exerc Sport Sci Rev, 1989. 17: 67-113.

MAIA, M. F.; THEVES, T. M.; OLIVEIRA, E. L. **Análise do VO_2máx, IMC e Duplo produto segundo sexo e faixa etária em um grupo de adultos**. Rev. Brasileira Medicina do Esporte, 2003, v. 09, 1: S60.

MARINS, J. C. B.; GIANNICHI, R. S. **Avaliação & Prescrição de Atividade Física**. 2ª ed., Rio de Janeiro: Shape, 2008.

MARRA, C. A. C.; MAIA FILHO, J. O.; NAVEGANTE, S. M.; FURTADO, H. **Relação entre o percentual de gordura e consumo máximo de oxigênio em indivíduos adultos**. Fitness & Performance Journal, 2003, v. 02. 04: 257.

McARDLE, W. D.; KATCH, F. I. & KATCH, V. L. **Fisiologia do Exercício: Energia, Nutrição e Desempenho Humano**. 3ª ed., Rio de Janeiro: Guanabara Koogan, 1992.

MONTOYA, R. A. **Aplicabilidad de instrumentos del medicion indirecta del VO_2máx en distinto grupos etários**. Madrid: Rev. Cs de la Atividad Física, 1995. v. 03: 7-16

MYERS, J. N. **Essentials of Cardiopulmonary Exercise Testing**. Champaign. United States: Human Kinetics Books, 1996.

NUNES, R. A. M.; FONSECA, B. B.; MACHADO, A.F.; FERNANDES FILHO, J. **Correlação entre o VO_2máx indireto predito e o direto**. Rev. Brasileira Medicina do Esporte, 2003, v. 09, 1: S46.

NUNES, R. A. M.; MACHADO, A. F.; FERNANDES FILHO, J. **Relação entre VO_2máx previsto, estimado e o medido**. Cultura e Contemporaneidade na Educação Física e no Desporto. São Luís/MA, Brasil, 2002. 01: 241.

NUNES, R. A. M.; NOVAES, G. S.; NOVAES, J. S. **Guia de Socorros e Urgências. APH**. 2ª Ed., Rio de Janeiro: Shape, 2006.

PLOWMAN, S. A.; SMITH, D. L. **Exercise Physiology for Health Fitness and Performance**. 1997.

POWERS, S. K.; HOWLEY, E. T. **Fisiologia do Exercício: Teoria e Aplicação ao Condicionamento e ao Desempenho**. 3ª ed., São Paulo: Manole, 2000.

RICHARDSONS, R. S.; HARMS, C. A.; GRASSI, B.; HEPPLE, R. **Skeletal muscle: master or slave of the cardiovascular system?** Med Sci Sport Exerc, 2000. 89-93.

RINALDI, W. **VO_2máx: Uma proposta de teste de campo para jogadores de futebol**. Dissertação de Mestrado. Universidade Estadual de Campinas. Campinas/SP, 2001.

ROCHA, M. **Atividade Física e treinamento do idoso**. ARS Curandi, 1982.

RODEHEFFER, R. J. *et al.* **Exercise cardiac output is maintained with advancing age in healthy human subjects: cardiac dilatation and incre-**

ased stroke volume compensate for a diminished heart rate. American Heart Association. Circulation, 1984. 69: 203-213.

SHEPHARD, R. J. **Aging, Physical Activity and Health**. 1997.

SILVA, J. L.; ALBERGARIA, M. **Comparação da performance dos corredores de longa distância induzida pelos diferentes estágios da rarefação do ar**. FIEP Argentina, 2004. 54: 68.

STANFORD, B. A. **Exercise and Elderly**. Exercise and Sports Sciences Reviews, 1988. 16: 341-364.

TRITSCHLER, K. **Medida e Avaliação em Educação Física e Esportes**. 5ª ed., São Paulo: Manole, 2003.

WILLIAMS, R. A. **O Atleta e a Doença Cardíaca. Diagnóstico, Avaliação e Conduta**. Rio de Janeiro: Guanabara Koogan, 2002.

WILMORE, J. H.; COSTILL, D. L. **Fisiologia do Esporte e do Exercício**. 2ª ed., São Paulo: Manole, 2001.

WOELLNER, C. D.; KERKOSKI, M. J. **Aptidão física e IMC do praticante de Yoga**. FIEP Argentina, 2004. 54: 90.

3. Avaliação Clínica e Parâmetros Fisiológicos de Controle

Capítulo 3

Rodolfo Alkmim Moreira Nunes

Realizada de forma integral e minuciosa é a técnica mais humanística e menos dispendiosa para detecção dos principais problemas de saúde, com relevância na atividade física.

No processo de obtenção da história clínica, obtém-se o primeiro contato real do aluno com o ambiente da academia que ele escolheu. Pode-se colher grande parte da história por questionários autoadministrados (quadro 1) ou relacionar os dados por terminal de computador, a fim de diminuir o tempo de avaliação, mas diminuirá também a interação do avaliador com o aluno (GLEDHIL, 2002).

Avaliação clínica deve ser dividida em: anamnese, exame físico e exames complementares de diagnóstico.

Quadro 1

PAR-Q – Questionário de prontidão para a atividade física	
1) Médico já lhe disse que você possui problema no coração e lhe recomendou que só fizesse exercício sob supervisão médica?	**Sim** ou **Não**
2) Você sente dor no peito quando faz atividade física?	**Sim** ou **Não**
3) Você sentiu dor no peito no último mês?	**Sim** ou **Não**
4) Você já desmaiou (perdeu a consciência), como resultado de tonteira?	**Sim** ou **Não**
5) Você tem algum problema ósseo ou muscular que poderia ser agravado com a atividade física?	**Sim** ou **Não**

6) Médico já lhe recomendou uso de medicamentos para pressão arterial, circulação ou coração?	**Sim** ou **Não**
7) Você tem consciência, através de sua experiência ou aconselhamento médico, de alguma razão física que impeça sua prática de atividade física sem supervisão médica?	**Sim** ou **Não**

ANAMNESE

Deve ser dirigida para a proposta inicial do aluno, ou seja, a prática de atividades físicas direcionadas aos seus objetivos. Para se chegar ao intento com segurança, se faz necessário investigar os fatores de risco dos principais sistemas do organismo que possam levar à morte súbita (WILLIAMS, 2002).

A história clínica cuidadosa e pormenorizada, adequadamente analisada e interpretada, conduz o avaliador a uma conclusão correta mais do que qualquer outro processo semiótico. É imperdoável qualquer negligência para obtê-la detalhadamente. O avaliador jovem e inexperiente muitas vezes subestima manifestações emocionais e psicológicas, a não ser aquelas com porte de neuroses ou psicoses bem definidas, e que sejam "interessantes" (NUNES, NOVAES & NOVAES, 2006).

O avaliador que se abstém de considerar aspectos subjetivos, e centraliza seu interesse somente em dados objetivos, pode ser conduzido a conclusões inexatas ou incompletas e a soluções inadequadas.

Atitude do Avaliador em relação ao aluno. Certos quesitos são básicos:

- conhecimento científico;
- autoconfiança baseada na competência;
- autocontrole emocional (estresse);
- dignidade, educação (boas maneiras).

Além destes, outros são importantes para a entrevista:

1. Interesse: desejo de compreender e auxiliar nos objetivos.
2. Boa acolhida: não deve revelar juízos morais ou respostas emocionais em relação a atitudes, comportamentos ou declarações do aluno.
3. Calor humano e empatia: sensibilidade e compreensão dos problemas, mas sem exagerar nos sentimentos.
4. Flexibilidade: o avaliador deverá conduzir com habilidade, para que a anamnese seja coerente e com certa lógica (direcionar).

TÉCNICAS DE ANAMNESE

O uso satisfatório da habilidade do avaliador ou das informações obtidas não pode ser feito em condições adversas. É necessário uma sala particular para o encontro, e nenhuma pessoa deve estar presente (salvo situações especiais, como os pais ou, em concordância, um estagiário) além do avaliador e o aluno, e nenhum dos dois pode estar constrangido.

Tempo e habilidade são dois elementos indispensáveis para que se obtenha uma história esclarecedora e suficientemente completa. O avaliador não deve ter pressa nem aparentar precipitação, o aluno deverá estar convencido de que ele está interessado, solidário e cooperativo. Discrição e tranquilidade são fundamentais.

Existem duas técnicas contrastantes com diferentes objetivos:

• Interrogatório Cruzado
O senhor sente dor? Onde? Quanto tempo? É constante? Em forma de cólica? Irradia? Para onde?

Essa técnica tem como objetivo a identificação exata dos pontos de referência.

• Técnica de Escuta
Permite ao aluno relatar suas experiências em termos de seus próprios valores e de suas preocupações pessoais. Transfere para o avaliador o seu problema.

As duas técnicas se completam e dependem fundamentalmente da personalidade do aluno e seu estado emocional. As anamneses mais completas combinam o emprego hábil do interrogatório e da escuta. A proporção e o padrão de uso das duas técnicas devem variar adequadamente.

FICHA DE ANAMNESE

Objetivo
Específicos com a atividade física, tipo: melhoria da estética; redução da gordura corporal; aumento da massa muscular; diminuição dos níveis de estresse; melhoria da qualidade de vida; melhoria da postura; hipertrofia muscular; lazer; combate ao sedentarismo; melhoria do condicionamento físico; manutenção do estado de saúde atual; recomendação médica; aumento da força muscular; aumento da resistência muscular; controle da pressão arterial; melhoria da aptidão cardiorrespiratória; terapêutico.

HDA
História da doença atual. Observar se o aluno tem alguma queixa no momento.

HPP

História patológica pregressa. Fazer uma estratificação do risco. Investigar todos os fatores de risco dos principais sistemas do organismo (cardiovascular, respiratório, endócrino-metabólico). Observar lesões ósteo-mio-articulares relevantes, cirurgias importantes, alergias (principalmente a medicamentos), tabagismo (quantidade e tempo de uso), medicamentos utilizados (genéricos/classes terapêuticas, incluindo suplementos, vitaminas e as doses ministradas).

História Familiar

Investigar as patologias que possam ter origem genética, onde comprovadamente a hereditariedade tenha influência. Principalmente as doenças cardiovasculares (hipertensão arterial sistêmica e DAC), de familiares diretos em escala vertical (irmãos, pais e avós), abaixo de 60 anos.

História Fisiológica

Observar o passado atlético do aluno, valorizando este (sabemos das facilidades de recondicionamento, se compararmos com sedentários que nunca fizeram um esporte), mas colocando que o importante será sempre o atual, já que o exercício não pode ser visto como vacina (onde se recebe uma dose e soluciona-se o problema), deve ser sempre praticado.

PARÂMETROS FISIOLÓGICOS DE CONTROLE (INTERPRETAÇÃO DAS VARIÁVEIS)

Os parâmetros fisiológicos de controle desde a parte clínica com os sinais e sintomas (índice de percepção de esforço – IPE), frequência cardíaca (FC) e pressão arterial (PA) serão medidas e analisadas durante o teste de esforço. Antes de iniciarmos a prova de esforço, devemos realizar as mensurações basais de FC, PA (componentes sistólio e diastólico), além de realização eletrocardiograma (ECG) de repouso. Na verdade, as medidas devem ser realizadas antes no pré-esforço, durante a prova de esforço e após o esforço na fase de recuperação.

SINAIS E SINTOMAS

A finalidade de estudar os sinais e os sintomas apresentados por um indivíduo deve ter o propósito de se analisar com cuidado os dados históricos coletados na anamnese e de se avaliar criteriosamente os achados físicos significativos encontrados, a fim de se determinar os processos fisiopatológicos envolvidos. Havendo este esclarecimento, pode-se tentar a interpretação clínica, possibilitando o estabelecimento do diagnóstico (WILLIAMS, 2002).

Os sintomas podem eclodir algum tempo antes de aparecerem os sinais físicos reveladores do distúrbio fisiológico original da doença. Por isso, a história clínica nunca deve ser colocada em segundo plano, é imperdoável a negligência.

Os sintomas são subjetivos, percebidos apenas por quem sente, são difíceis de se analisar sua intensidade, principalmente quando na área esportiva nos encontramos entre o atleta e o técnico. Exemplo: dor, prurido, tonteira, mal-estar. Sinais ao contrário são observados por outras pessoas (principalmente o avaliador), e às vezes pelo próprio avaliado. Exemplo: palidez, icterícia, fácies, rubor nas articulações, sopros cardíacos.

ÍNDICE DE PERCEPÇÃO DO ESFORÇO (IPE)

O IPE representa uma escala de valores com os quais o avaliado informa a sensação de intensidade de trabalho que lhe está sendo imposta durante a realização de um teste ergométrico. Desta forma, o avaliador tem condições de obter informações sobre a influência do exercício no que o avaliado está sentindo e que, consequentemente, pode servir como elemento para interrupção do teste.

- O IPE e a FC estão linearmente relacionados entre si e com intensidade de trabalho;
- Existe uma boa relação entre IPE e vários fatores fisiológicos como VE (Volume Min), Lactato e VO_2 (Borg, 1982);
- A escala do IPE tem demonstrado ser um indicador confiável do nível de esforço físico;
- O IPE fornece ao avaliador um dado objetivo através do qual pode comparar o grau relativo de fadiga de um teste para outro;
- Obtém-se o valor da escala interrogando o avaliado a cada minuto;
- IPE apresenta grande relação com fatores indicativos de fadiga muscular;
- A escala não é perfeita, e deve ser interpretada no conjunto com bom-senso, além de outros parâmetros clínicos, fisiológicos e psicológicos envolvidos na avaliação.

Borg (1982) desenvolveu uma escala para avaliação da percepção do esforço (IPE), que se associa a uma certa quantidade de exercícios. O indivíduo, juntamente com o avaliador, percebe o esforço associado a várias intensidades de exercício, ele tem uma melhor noção em que intensidades prescritas as sensações subjetivas podem ser transferidas para outras situações de treinamento, isto é, podem ser utilizadas para avaliar a fadiga e as variações de intensidades associadas a jogos ou outras atividades que não se mantenham em nível estável.

As duas escalas mostradas no quadro II (original e revisada) são as mais utilizadas para avaliar a intensidade do esforço percebido. A original possui uma história extensa na avaliação clínica subjetiva nos testes de esforço e nas salas de reabilitação cardíaca, porém, a escala revisada foi simplificada usando terminologia mais simples e facilmente compreendida pelo indivíduo, facilitando as informações ao avaliador na condução dos testes (ACSM, 2003).

Quadro II: Índice de Percepção do Esforço (IPE)

Escala original		Escala revisada	
6		0	Nada
7	Muito, muito leve	0.5	Muito, muito fraco
8		1	Muito fraco
9	Muito leve	2	Fraco
10		3	Moderado
11	Ligeiramente leve	4	Um pouco forte
12		5	Forte
13	Um pouco difícil	6	
14		7	Muito forte
15	Difícil	8	
16		9	
17	Muito difícil	10	Muito, muito forte
18		*	Máximo absoluto
19	Muito, muito difícil		
20			

Fonte: Borg (1982).

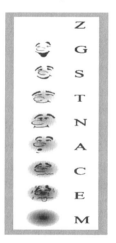

A intensidade do exercício pode ser razoavelmente bem controlada através de uma sessão de exercícios sem interrupção, baseada apenas nos valores de percepção de esforço (SKINNER, 1991).

De fácil entendimento, principalmente direcionada aos indivíduos analfabetos, a escala de fácies, elaborada por Costa *et al.* (2004), também pode ser usada na percepção do esforço.

Z: zero; G: gargalhada; S: sorriso; T: tranquilo; N: neutro; A: angustiado; C: cansado; E: exausto; M: máximo.

Fonte: Costa *et al.*, 2004.

EXAME FÍSICO

Deve ser dividido em quatro componentes, onde a perícia e experiência clínica na relação da saúde com os exercícios físicos diminuíram as necessidades de técnicas dispendiosas de imagens para confirmar a impressão diagnóstica. São eles: inspeção, palpação, percussão e ausculta.

INSPEÇÃO

Deve se avaliar o aspecto físico com revisão geral em repouso e durante os movimentos, pesquisando anormalidades dos hábitos corporais, pele, aspecto facial e da postura.

A cor da pele normal depende de vários fatores e varia completamente com relação às raças, a exposição à luz solar e aos fenômenos vasomotores como cianose e rubor. O indivíduo pode apresentar cianose central associada ao baqueteamento dos dedos, indicando inadequada oxigenação do sangue pelos pulmões ou presença de derivação do sangue da direita para a esquerda no coração. Já se ele apresentar cianose nas extremidades distais com aumento da sudorese e pele fria, isto poderia significar vasoconstrição na insuficiência cardíaca.

PALPAÇÃO

Palpar os principais pulsos arteriais, temperatura corporal e de locais inflamados, localização de específicos desconfortos álgicos.

A palpação de pulsos arteriais periféricos para se obter a frequência cardíaca não é a única informação, podemos avaliar se o ritmo está regular ou se apresenta arritmia cardíaca, se nas extremidades inferiores e superiores há adequação ao fluxo sanguíneo sistêmico, para se detectar a presença de lesões arteriais oclusivas.

Também importante é palpar a região tibial anterior nos membros inferiores, comparando no exame as duas pernas a fim de averiguar a presença de edema de cacifo, característico da insuficiência cardíaca.

PERCUSSÃO

Processo de observação no qual se estimula a produção de sons através da aplicação das mãos.

Pode se observar o aumento ou diminuição de tamanho de vísceras e órgãos vitais. O fígado inflamado por uso de substâncias ou transfusões de sangue pode apresentar hepatite tóxica com aumento de seu tamanho. Porém, em estados avançados de cirrose hepática, o órgão pode estar diminuído.

AUSCULTA CARDÍACA

Nos quatro focos importantes do tórax, na detecção de sopros, ritmos ou bulhas acessórias. Deve ser realizada em ambiente silencioso, correlacionando o ciclo cardíaco com o evento auscultatório.

As *bulhas cardíacas* são vibrações do sangue dentro do sistema cardiovascular. As bulhas fisiológicas, ou seja, a primeira e a segunda, são produzidas pelo fechamento das valvas atrioventriculares e semilunares e pelos eventos cardíacos a eles associados.

A primeira bulha (S1) encontra-se alta (intensidade elevada) se a diástole for mais curta devido à taquicardia, pois o fluxo atrioventricular fica aumentado com a elevação do débito cardíaco pelo exercício ou prolongado pela estenose da valva mitral.

Os *sopros cardíacos* são originados das vibrações transmitidas à corrente sanguínea e ao coração, como resultado de fluxo sanguíneo turbulento, formação de entroncamentos e bolhas ou cavitações oriundas de súbito decréscimo da pressão. O sopro é mais audível no local da estrutura cardíaca que ele se originou ou está se irradiando. O sopro da estenose aórtica é mais audível no segundo espaço intercostal à direita do esterno. Já na regurgitação mitral fica mais fácil de auscultar na base do coração (ponta) para o bordo esternal (lesão folículo mitral posterior) e para a axila (lesão folículo mitral anterior).

Podemos realizar um resumo didático entre os eventos valvares patológicos e sua relação com respectivos sopros cardíacos:
- Estenose mitral: sopro diastólico;
- Insuficiência mitral com regurgitação: sopro sistólico;
- Estenose aórtica: sopro sistólico;
- Insuficiência aórtica com regurgitação: sopro diastólico.

AUSCULTA PULMONAR

Comparativa entre os dois pulmões, na obtenção do murmúrio vesicular, com ou sem ruídos adventícios.

A dispneia em sua forma mais grave, ou seja, incapacitante, é associada à congestão pulmonar e através de estudos hemodinâmicos relacionaram este tipo de dispneia à insuficiência ventricular e à estenose mitral. Na estenose mitral grave, há elevação da pressão em todos os segmentos dos leitos vasculares pulmonares, aumentando a pressão atrial esquerda. Estes fatores levam à constante ameaça de edema pulmonar, causando consequentemente a diminuição do murmúrio vesicular no pulmão afetado.

* Na verificação dos sinais vitais como: temperatura corporal, incursões respiratórias, pressão arterial e frequência cardíaca.

FREQUÊNCIA CARDÍACA

O coração recebe inervação motora do sistema nervoso autonômico, tanto simpático como parassimpático. Os efeitos destes dois sistemas se fazem sentir sobre a frequência cardíaca (cronotrópico), a condução do estímulo elétrico atrioventricular (dromotrópico) e a força de contração (inotrópico).

A inervação parassimpática através da ativação vagal libera acetilcolina nas terminações pós-ganglionares, que são mais comuns no nódulo sinusal (NSA), atrioventricular e musculatura atrial. Em contrapartida, a ativação simpática leva à liberação de noradrenalina nos terminais nervosos em contato com toda a musculatura do miocárdio, acelerando os batimentos, facilitando a condução do estímulo dos átrios para os ventrículos e aumentando a força de contração de ambos.

A influência estimuladora simpática exercida sobre o coração provoca aumento da descarga dos nodos sinusal e atrioventricular (automatismo), acelera a condução do impulso elétrico por todo o coração (condutibilidade), aumenta a força de contração do músculo cardíaco (contratibilidade). Entre os efeitos da estimulação eletrofisiológica, se inclui a aceleração do ritmo cardíaco ou frequência cardíaca, que acima de 100bpm configura taquicardia sinusal. Este fator pode ser facilitador do aparecimento de arritmias pelo aumento da excitabilidade do coração provocado por fator funcional ou anatômico.

Por outro lado, a inibição parassimpática provocada pelo nervo vago resulta em depressão do automatismo, da condutibilidade e da excitabilidade, além de diminuir a força de contração do coração. Estes efeitos inibidores sobre as propriedades eletrofisiológicas diminuem o ritmo cardíaco e podem levar à bradicardia sinusal, que seria a frequência cardíaca menor de 60bpm.

Fisiologicamente para a manutenção da homeostasia, os dois sistemas, simpático e parassimpático atuam simultaneamente, sendo que um controla o outro através de *feedback* negativo. A predominância dependerá da intensidade da atividade daquele momento, e a esta o coração terá que se adaptar e bombear o sangue de forma adequada para a nutrição dos tecidos.

Para mensuração da frequência cardíaca em testes de aptidão física é muito comum o uso da ausculta cardíaca ou palpação das artérias periféricas para a sua determinação. Entretanto, o seu uso não é recomendado para testes de esforços clínicos, onde o eletrocardiograma é essencial e de fácil verificação da FC.

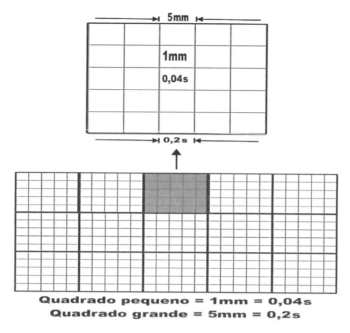

Quadrado pequeno = 1mm = 0,04s
Quadrado grande = 5mm = 0,2s

Como o eletrocardiograma tem velocidade de 25mm/s, fica fácil de se calcular que a distância entre dois eventos iguais normalmente se verifica entre R-R, será observado o número de quadrados e dividi-lo por 300. Exemplo: vamos imaginar que, entre dois complexos QRS, temos 3 quadrados.

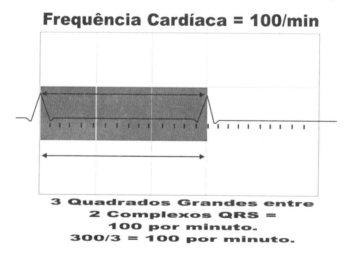

Quando a FC é expressa em termos de intensidade relativa ao esforço, isto é, o percentual de VO_2máx, a relação permanece igual, sugerindo que os mecanismos homeostáticos fisiológicos ajustam a FC ao gasto energético corporal (BLOMQVIST, 1983).

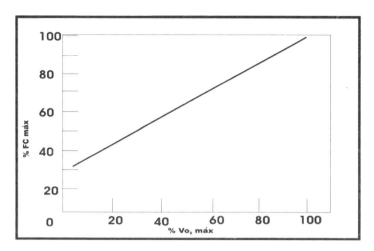

A mensuração da FC responde ao esforço com um aumento que no caso de esforço dinâmico é proporcional à intensidade de trabalho e ao consumo de oxigênio. Esta linear e diretamente proporcional tem sido largamente utilizada para predizer o VO_2máx. A magnitude do aumento da FC com o incremento de carga de trabalho depende, principalmente, do condicionamento físico aeróbico do indivíduo, sendo o aumento proporcionalmente menor para o indivíduo mais treinado (FERNANDES FILHO, 2003).

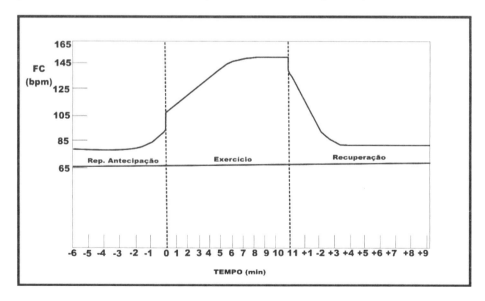

Em certos protocolos que utilizam estágios maiores (entre 4 e 6 minutos), principalmente os submáximos onde é comum ocorrer uma estabilização cardíaca no final do estágio ou teste, que é chamado "steady-state" (estado de equilíbrio), que representa a situação onde as respostas do organismo ao exercício atingiram um certo nível, que não será modificado pela continuação do exercício na mesma intensidade. Considera-se que o indivíduo se encontra em estado de equilíbrio quando a FC se mantém dentro de uma variabilidade igual ou menor a 4bpm, reflete o ponto onde a oferta e a demanda são iguais (ARAÚJO, 1986).

Por outro lado, protocolos de teste de esforço progressivos graduados com pequena duração em cada nível (1 a 2 minutos) ou progressivos contínuos registram aumento quase que contínuo da FC durante o teste.

Segundo Williams (2002), duas situações devem ser analisadas com relação à resposta cronotrópica inadequada durante o teste de esforço. A primeira se refere ao aumento insuficiente da FC com o incremento de cargas de trabalho. Existem algumas possibilidades:

- Fisiológica (atleta muito bem condicionado, com grande volume sistólico);
- Farmacológica (uso de medicamentos de ação cardiovascular);
- Pacientes vagotônicos (tônus vagal exacerbado);
- Pacientes portadores de marcapasso cardíaco.

Ainda Williams (2002) coloca ser anormal a manutenção ou diminuição da FC com incrementos de cargas progressivas de trabalho, devendo ser interrompido o teste, pois existe a possibilidade de estar ocorrendo isquemia.

A frequência cardíaca máxima (Fcmáx) pode ser prevista com base na idade, utilizando qualquer das equações publicadas no quadro 2:

Quadro 2

= 220 – idade (KARVONEN *et al.*, 1957);

= 210 – (0,65 x idade) (JONES *et al.*, 1975);

= 205 – (0,42 x idade) destreinados (SHEFFIELD *et al.*, 1965);

= 198 – (0,42 x idade) treinados (SHEFFIELD *et al.*, 1965);

= 208 – (0,7 x idade) (HASKELL & FOX, 2001).

Fonte: Fernandes Filho (2003).

PRESSÃO ARTERIAL

A pressão sanguínea é a força exercida pelo volume de sangue bombeado contra a parede dos vasos arteriais e pela resistência a este fluxo sanguíneo. Portanto, os três elementos responsáveis pela geração e manutenção da pressão arterial são a força propulsora do coração como bomba, a capacidade de dilatação elástica da artéria aorta e a resistência ao fluxo sanguíneo pelas arteríolas. Pode ser transformada na equação abaixo:

PA = DC x RVP

PA: Pressão Arterial
DC: Débito Cardíaco
RVP: Resistência Vascular Periférica

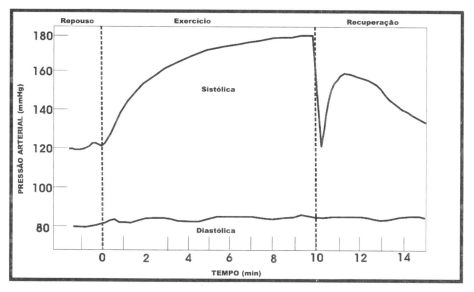

Durante a ejeção de sangue pelo coração por meio da contração ventricular, a pressão arterial eleva-se rapidamente até seu pico sistólico (PAS), durante o relaxamento e enchimento ventricular cai até seu nível mais baixo diastólico (PAD).

PRESSÃO SISTÓLICA: Pressão mais alta gerada pelo coração durante a sístole do ventrículo esquerdo (contração).

PRESSÃO DIASTÓLICA: Proporciona uma indicação da facilidade com que o sangue flui das arteríolas para dentro dos capilares (relax).

A pressão arterial é determinada clinicamente pelo método indireto auscultatório na artéria braquial, usando-se a campânula de um estetoscópio e um esfigmomanômetro de coluna de mercúrio. O primeiro som representa o valor máximo ou sistólico, enquanto o último som representa o valor mínimo ou diastólico. No caso de extrassístole ventricular, deve-se repetir a leitura de modo a confirmá-la; deve-se evitar reinflar o manguito pneumático, sem liberar por completo a pressão existente neste, de modo a não obter leituras incorretas.

Erros podem ser cometidos se não tomarmos certas precauções, como a inflação acima do valor previsto ou liberação do ar contido no manguito pela valva de forma gradual, se este sair rapidamente, podemos estar subestimando os valores da pressão arterial.

A pressão sanguínea normal estatisticamente baseada em valores incluídos dentro de dois desvios padrões da média de pressões obtidas em uma população com uma amostra elevada de indivíduos saudáveis.

Quadro 2

PAS (máxima)	PAD (mínima)	Nível
< 130	< 86	Normal
130 – 138	86 – 88	Limítrofe
140 – 158	90 – 98	Hipertensão leve
160 – 180	100 – 110	Hipertensão moderada
> 180	> 110	Hipertensão severa
< 140	> 90	Hipertensão diastólica
> 140	< 90	Hipertensão sistólica

Fonte: Nunes, Novaes & Novaes, 2006.

A resposta normal da pressão arterial ao exercício dinâmico na posição ereta consiste numa elevação progressiva da pressão arterial sistólica (PAS) diretamente proporcional ao esforço desenvolvido (valores de variação até 10mmHg/MET) e nenhuma mudança ou ligeira queda na pressão arterial diastólica (PAD). ACSM (2003) refere alguns pontos acerca da interpretação da PA ao exercício dinâmico progressivo:

Variação PAS </= 10 METs/mmHg

- Queda na PA ou ausência de elevação está relacionada à isquemia do miocárdio ou disfunção de ventrículo esquerdo;
- No pós-esforço a PAS pode cair drasticamente, se estabilizando com a posição supina;
- O duplo produto é indicação de demanda de oxigênio. Sinais de isquemia ocorrem para um duplo produto (DP) reprodutível;
- Elevação da PAD acima de 10mmHg durante ou após o esforço pode estar associada à doença arterial coronariana (DAC);
- O aumento da pressão diastólica igual ou maior que 150mmHg, com esforço de caráter dinâmico, constitui-se em um excelente indicador de doença coronariana.

- Nos pacientes hipertensos que estiverem ingerindo fármacos anti-hipertensivos (vasodilatadores, alfa e betabloqueadores adrenérgicos, inibidores da enzima conversora da angiotensina e bloqueadores dos canais de cálcio), a resposta da PA ao exercício é variavelmente atenuada e não pode ser prevista com exatidão na ausência de dados de testes clínicos.

ELETROCARDIOGRAMA

A eletrocardiografia constitui um método de investigação cuja alta posição de destaque vem se mantendo através dos anos. Conhecer os padrões morfológicos fisiológicos seja em repouso ou em esforço, para que se caracterizem as alterações, efetuando o diagnóstico e analisando o prognóstico. Portanto, se torna essencial o eletrocardiógrafo em qualquer sala de avaliação.

O eletrocardiograma (ECG) é o registro gráfico da atividade elétrica do coração de forma não invasiva, detectada na superfície do corpo por eletrodos colocados de forma a refletir a atividade das diferentes áreas do coração. A fonte de atividade elétrica cardíaca se localiza nas células do miocárdio quando se contraem e nas células elétricas especializadas quando conduzem o estímulo.

O coração é dotado de sistema especializado para gerar impulsos rítmicos capazes de promover a contração e a condução desses impulsos rapidamente a todo o músculo cardíaco. A maior parte das células cardíacas mantém uma polarização de membrana de -90mV, sendo o interior da célula negativo à parte externa. As células são eletricamente ativas e um estímulo é capaz de iniciar a despolarização.

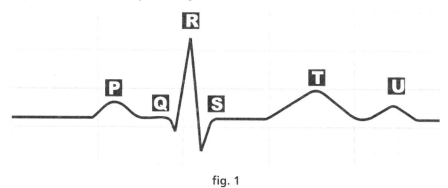

fig. 1

A despolarização e a repolarização dos átrios e ventrículos são os eventos elétricos registrados no ECG (fig. 1). A despolarização é um processo ativo e ocorre um pouco antes da contração das respectivas câmaras cardíacas.

61

O sistema especializado, excitatório e condutor do coração gera o impulso no nodo sinoatrial (NSA) despolarizando os átrios e conduzindo os estímulos pelas vias internodais para o nodo atrioventricular (NAV), retardando os impulsos antes de atingir os ventrículos e o feixe de Hiss e seus ramos direito (RD) e esquerdo (RE), e afinal atinge as fibras de Purkinje que conduzem os estímulos e despolarizam todas as partes dos dois ventrículos.

O registro eletrocardiográfico da ativação atrial denomina-se onda **P**, dura no máximo 0,10s com amplitude máxima de 0,3mV e pode ser subdividido em três etapas:

- Ativação do átrio direito (~/= 0,03s);
- Ativação septal e do átrio esquerdo, final ativação AD (~/= 0,04s);
- Final da ativação do átrio esquerdo (~/= 0,02s).

O fenômeno de repolarização atrial por se processar em grande parte durante a despolarização ventricular, fenômeno elétrico muito mais potente, fica mascarado no registro eletrocardiográfico. O intervalo entre a onda **P** e o complexo **QRS** é chamado de intervalo **PR**, medido desde o início da despolarização atrial (onda P) até o início da despolarização ventricular (onda Q). Sua duração mínima é de 0,12s, menor que estes valores configura pré--excitação ventricular e a duração máxima seria de 0,20s, sendo que ultrapassando este valor seria um BAV, ou seja, bloqueio atrioventricular.

A duração do complexo **QRS** que está entre 0,04 e 0,10s reflete o tempo necessário para a despolarização da musculatura ventricular e sua amplitude depende da derivação analisada, mas gira em torno de 5mV. Nos bloqueios de ramo, a duração do **QRS** fica prolongada, acima de 0,10s. Na onda **Q** a amplitude negativa é menor que 0,04mV, que corresponde a menos de ¼ do QRS, exceto em AVR. Pode-se medir o período refratário dos ventrículos observando o intervalo **QT**, que corresponde ao início do QRS até a onda T, sua duração máxima é de 0,40s.

O intervalo entre o final do complexo QRS e o início da onda T é denominado segmento **ST**, representando o período de tempo entre a despolarização dos ventrículos e o período da rápida repolarização do músculo ventricular, e deve ser isoelétrico. Um supradesnível do segmento ST com concavidade superior (repolarização precoce) ou ascendente rápido pode não ser patológico. O ponto **J** fica exatamente no final do QRS e início do segmento ST.

A onda **T** representa a repolarização da musculatura ventricular, é morfologicamente assimétrica, apresentando o ramo ascendente lento e o descendente com maior inclinação. Sua polarização sempre positiva (menos em AVR) acompanha o complexo QRS e algumas vezes é acompanhado de uma pequena onda **U**, que representa a repolarização tardia de musculatura papilar, com a mesma polarização da onda T. Em criança, onda T negativa em derivação precordial pode ser normal, mesmo em adultos na derivação V1 a onda T negativa também pode não ter caráter patológico.

No sistema de derivações eletrocardiográficas há as derivações de extremidade e as precordiais. Nas de extremidade temos quatro eletrodos (um em cada membro) – o amarelo no braço esquerdo, o verde na perna esquerda, o vermelho no braço direito e, por final, representando o eletrodo "terra" na perna direita, o preto.

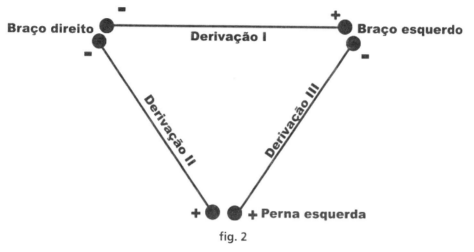

fig. 2

Derivação I (DI) = *braço direito (-) e braço esquerdo (+).*
Derivação II (DII) = *braço direito (-) e perna esquerda (+).*
Derivação III (DIII) = *braço esquerdo (-) e perna esquerda (+).*

Formando o triângulo (fig. 2) de Einthoven (pai da eletrocardiografia):

DI + DIII = DII

Durante muitos anos só se usava estas três derivações periféricas bipolares (cada uma delas utilizam dois pontos periféricos), que formavam um sistema de eixos triaxial disposto em ângulos de 60 graus. Outras derivações foram criadas como as derivações periféricas unipolares, com apenas um polo positivo fixo em um dos eletrodos de extremidade. Nestas derivações unipolares o polo negativo é central e, com isto, o somatório destas derivações sempre será igual a zero (fig. 3).

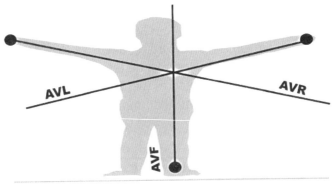

fig. 3

Derivações periféricas unipolares:

AVR = braço direito (+) e central (-).
AVL = braço esquerdo (+) e central (-).
AVF = perna esquerda (+) e central (-).

AVR + AVL + AVF = 0

Estas seis derivações periféricas formam um sistema hexaxial, e através dele poderemos determinar o **Vetor Médio** do QRS, ou ainda encontrar o **Eixo Elétrico** do QRS, sendo assim saberemos onde está localizado o coração (fig. 4).

A Formação do Sistema Hexaxial
I, II, III, AVR, AVL, AVF

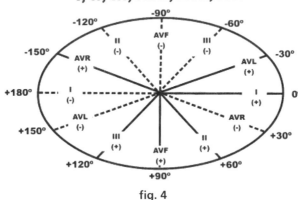

fig. 4

Uma técnica utilizada e de fácil aplicação seria observar somente duas derivações. As derivações de escolha seriam DI e AVF, pois estas formam um ângulo reto entre si, e estão dispostas entre 0 e 90 graus quando positivas. Com isto, configuram exatamente a posição **normal** do eixo elétrico do QRS.

Quando em qualquer outra situação diferente da positividade nas duas derivações irá configurar desvio do eixo elétrico do QRS (fig. 5).

DI (+) e AVF (+) = normal.
DI (-) e AVF (+) = desvio de eixo para direita.
DI(-)e AVF (-) = desvio extremo de eixo para direita (dextrocardíaco).
DI (+) e AVF (-) = desvio de eixo para esquerda.

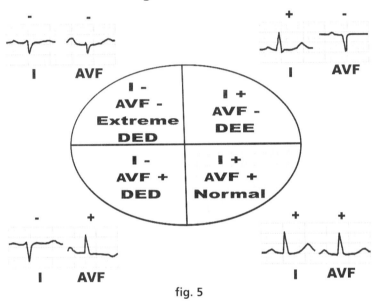

fig. 5

Após a realização do eletrocardiograma de repouso, isto é, as alterações têm que partir de uma análise em repouso, pois os valores são representados perante o padrão. As informações adicionais com relação às alterações comuns induzidas pelo exercício nas variáveis e consideradas normais incluem as seguintes (ACSM, 2003):

- Alterações pequenas na morfologia da onda P;
- Superposição de ondas P e T (FC elevada);
- Aumento na amplitude da onda Q septal;
- Ligeira diminuição na amplitude da onda R;
- Aumento na amplitude da onda T;
- Encurtamento mínimo na duração do complexo QRS;
- Depressão do ponto J;
- Encurtamento do intervalo QT, relacionado à FC.

As alterações do segmento ST são critérios amplamente aceitos para isquemia e lesão do miocárdio. A interpretação dos segmentos ST pode ser afetada pela configuração do ECG de repouso (BRD, BRE e HVE) e por agentes farmacológicos (intoxicação digitálica). A depressão do ponto J com segmento ST ascendente rápido é devido à competição entre forças de repolarização normal e de despolarização terminal retardada e não à isquemia (WILLIAMS, 2002).

A **isquemia miocárdica** induzida pelo esforço pode manifestar-se de dois tipos diferentes:

ELEVAÇÃO DO SEGMENTO ST (FIG. 6):

- repolarização precoce (aumento da FC retorna à isoelétrica);
- infarto transmural agudo (seguido de onda Q significativa);
- espasmo coronário;
- aneurisma ventricular.

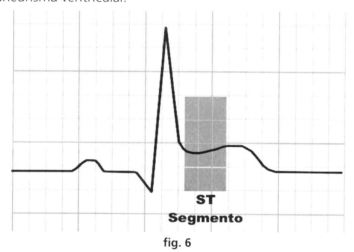

fig. 6

DEPRESSÃO DO SEGMENTO ST (FIG. 7):

- depressão ponto J e a inclinação durante 80ms (manifestação mais comum de isquemia miocárdica esforço induzida);
- depressão horizontal ou descendente é a mais indicativa de isquemia;
- inclinação ascendente lenta (resposta limítrofe deve-se correlacionar com a clínica);
- quanto mais derivações com alteração, maior a extensão da patologia;
- ocorrida somente na fase de recuperação, provavelmente achado diagnóstico positivo importante.

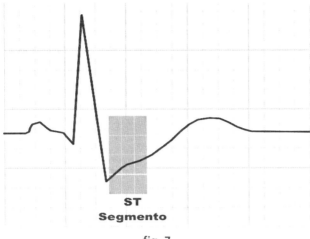

fig. 7

Existe praticamente um consenso de que a **Miocardiopatia Hipertrófica** (MCH) seja a principal causa de morte súbita em jovens. A sobrecarga de volume sanguíneo presente no treinamento aeróbico levaria a uma hipertrofia miocárdica do ventrículo esquerdo de forma excêntrica e no treinamento anaeróbico haveria uma hipertrofia concêntrica do ventrículo esquerdo por sobrecarga de pressão. Estes efeitos seriam explicados devido às alterações crônicas dos treinamentos na pré-carga e na pós-carga (NATALI, 2004).

O vetor médio do complexo QRS resultante da sobrecarga de pressão sistólica do VE tende a ser direcionado mais verticalmente do que um representando a direção do vetor médio do QRS associado à sobrecarga de pressão diastólica do VE, que seria mais horizontalizado. Contudo, este fator não pode ser usado isoladamente para distinguir os dois tipos de HVE.

A diferenciação diagnóstica entre a forma fisiológica de hipertrofia ventricular esquerda, que é a adaptação fisiológica ao treinamento e MCH, tem implicações importantes no futuro dos envolvidos. O diagnóstico patológico num atleta pode constituir a base para desqualificação competitiva, a fim de minimizar os riscos de morte súbita. Mas o diagnóstico incorreto de MCH no atleta pode resultar no afastamento desnecessário dos esportes, privando o indivíduo dos seus benefícios (NUNES, 2005).

A sobrecarga ventricular esquerda representa um aumento fisiológico deste ventrículo, o ECG terá elevação dos potenciais do VE, resultando em maior voltagem dos complexos QRS, com ondas R altas nas derivações DI, AVL, V5 e V6, também existirão ondas S profundas nas derivações precordiais direitas V1 e V2. Portanto, na **Hipertrofia Ventricular Esquerda** (HVE), o vetor médio do QRS, que se orienta normalmente para esquerda, para baixo e para trás, se torna bastante acentuado (TRANCHESI, 1983).

O aumento de amplitude do complexo QRS é o maior critério eletrocardiográfico de HVE. Devido à orientação posterior do vetor médio do QRS, o aumento de amplitude é mais bem visualizado nas derivações precordiais, de V1 a V6, especialmente V1, V2, V5 ou V6 acima de 30mm isoladamente. O somatório da onda S de V1 ou V2, com a onda R de V5 ou V6 acima de 40mm, estes critérios podem ser observados na fig. 8. Porém, as ondas R ou S nas derivações periféricas acima de 20mm também devem ser consideradas (HURST, 2000).

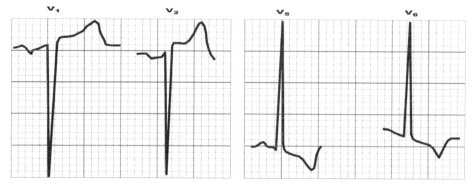

fig. 8

Alterações de repolarização ventricular são frequentemente utilizadas como um critério a mais de diagnóstico de HVE. Se estiver presente um padrão de segmento ST e onda T típico de distensão ventricular esquerda, ou seja, o vetor do segmento ST – onda T com direção oposta ao vetor do complexo QRS. A onda T é invertida e assimétrica, com a porção descendente lenta e a porção ascendente rápida (STEIN, 1989).

Na MCH, doença congênita pode acontecer hipertrofia septal assimétrica com horizontalização do vetor médio do complexo QRS ou, mesmo, um desvio para a direita e para frente, semelhante à hipertrofia ventricular direita (HVD), com uma onda R grande em V1 e V2, assim como em DIII e AVR, e uma onda Q importante em V5 e V6, assim como em DI e AVL (NUNES, 2005).

FIBRILAÇÃO ATRIAL

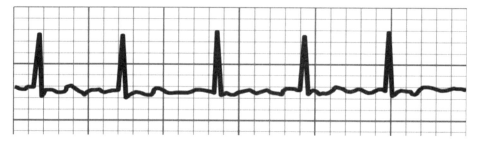

As arritmias relacionadas ao exercício ocorrem em indivíduos sadios assim como em pacientes com cardiopatia. Aumentos na atividade simpática, mudanças no pH e na tensão do oxigênio contribuem para os distúrbios na automaticidade dos tecidos do miocárdio e na condução dos estímulos, sendo estes os principais mecanismos das arritmias. As contrações atriais prematuras isoladas são comuns e não exigem precauções especiais (CRAWFORD & MARON, 1992).

FLUTTER VENTRICULAR

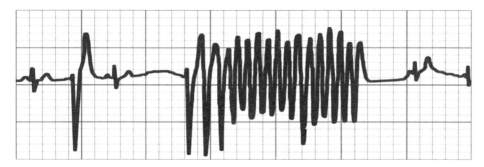

A taquicardia supraventricular (ESSV) sustentada induzida pelo exercício leva à interrupção do esforço, se não retornar deve-se utilizar o antiarrítmico (ACSM, 2003).

TRIGEMINISMO (ESVs TRIGEMINADAS = 2 SISTOLES SINUSAIS + 1 ESV)

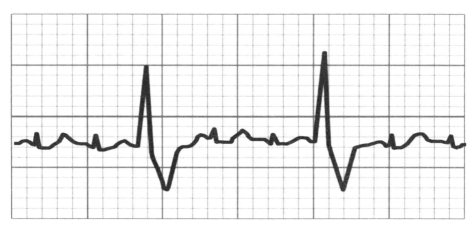

As extrassístoles ventriculares (ESV) ocorrem durante o teste de esforço em cerca de 30% dos indivíduos sadios e 50% dos pacientes com doença arterial coronariana (DAC). Em certos indivíduos, os exercícios graduados induzem as ESV, já em outros indivíduos reduzem a ocorrência. As formas mais graves de ESV são as pareadas ou multiformes com vários focos ectópicos, as salvas e a taquicardia ventricular, provavelmente associadas com DAC significativa e isquemia miocárdica (TRANCHESI, 1983).

FIBRILAÇÃO VENTRICULAR

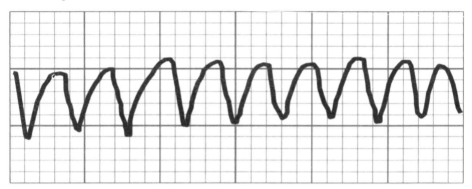

Os critérios para encerrar o exercício devido à ectopia ventricular devem ser a maior frequência de ESVs, aspecto multiforme e acoplamento frequente ou surto de taquicardia ventricular (WILLIAMS, 2002).

OXIMETRIA DE PULSO

Se a dúvida persistir após revisão com métodos diagnósticos de rotina, se torna necessário uma abrangência maior e específica para o diagnóstico diferencial cardiovascular e pulmonar.

Nos últimos anos, aumentou o uso da oximetria de pulso no ambiente pré-hospitalar. A utilização adequada dos oxímetros de pulso permite aos profissionais de saúde detectar precocemente o comprometimento pulmonar e deterioração cardiovascular, antes que os sinais clínicos sejam evidentes. Os oxímetros de pulso são úteis no APH devido a sua alta confiabilidade, portabilidade, facilidade de utilização e utilidade em todas as idades e raças. Os oxímetros de pulso fornecem medidas pontuais de saturação da oxiemoglobina arterial (SaO_2) e da frequência cardíaca.

A SaO_2 é determinada pela medida da razão de absorção da luz vermelha e infravermelha que passa através dos tecidos. Um pequeno microprocessador correlaciona alterações na absorção da luz causada pela pulsação sanguínea através dos leitos vasculares para determinar a saturação arterial e a frequência de pulso. A SaO_2 normal está entre 93% e 95%. Quando a

SaO_2 é menor que 90%, na maioria das vezes há comprometimento grave da oxigenação tecidual.

Neste caso, a prescrição dos exercícios deve ter o auxílio de O_2 para a manutenção dos níveis de SaO_2 aceitáveis durante o treinamento.

Para garantir leituras confiáveis do oxímetro de pulso, é importante que os profissionais de saúde sigam as seguintes regras:

- Usar sensores do tamanho e tipo adequados;
- Garantir o alinhamento adequado do sensor de luz;
- Garantir que a fonte de luz e fotodetector estejam limpos, secos e em bom estado de conservação;
- Evitar colocar o sensor em locais muito edemaciados.

Problemas comuns que podem interferir com as medidas da SaO_2:

- Movimentação excessiva;
- Umidade nos sensores de SaO_2;
- Aplicação/localização inadequada dos sensores;
- Perfusão capilar ruim ou vasoconstrição decorrente de hipotermia;
- Anemia.

Em um paciente traumatizado grave, a oximetria de pulso pode não ser confiável por causa da perfusão periférica ruim. Assim, o oxímetro de pulso é apenas um valioso instrumento adicional para compor a "caixa de ferramentas" do profissional de saúde, quando associado a um conhecimento completo da fisiopatologia do trauma e sólidas técnicas de avaliação e intervenção (NUNES *et al.*, 2006)

REFERÊNCIAS BIBLIOGRÁFICAS

AMERICAN COLLEGE OF SPORTS MEDICINE. **Diretrizes do ACSM para os Testes de Esforço e sua Prescrição.** 6ª ed. Rio de Janeiro: Guanabara Koogan, 2003.

AMERICAN HEART ASSOCIATION. **Exercise testing and training of apparently healthy individuals. A handbook for physicians**. Circulation, 1972.

ARAUJO, B. A. **Ergometria e Cardiologia Desportiva**. Rio de Janeiro: Medsi, 1986.

ASTRAND, P. O.; RODAHL, K. **Textobook of Work Physiology**. 2ª ed., 1977.

BLOMQVIST, C. G.; SALTIN, B. **Cardiovascular adaptations to physical training**. Ann Rev Physiol, 1983. 45: 169-189.

BORG, G. **Psychophysical bases of perceived exertion**. Med Sci Sport Exerc, 1982. 14: 377.

BOSKIS, B.; LERMAN, J.; PEROSIO, A.; SCATTINI, M. **Manual de Ergometria e Reabilitação Cardiológica**. Rio de Janeiro: Publicações Científicas, 1973.

COSTA, M. **Classificação do esforço percebido: proposta de utilização da escala de faces**. Dissertação de Mestrado. Universidade Castelo Branco. Rio de Janeiro/RJ, 2004.

CRAWFORD, M. H.; MARON, B. J. **Clínicas Cardiológicas: o coração do atleta**. Rio de Janeiro: Interlivros, v. 2, 1992.

FARDY, P. S.; YANOWITZ, F. G. & WILSON, P. K. **Reabilitação cardiovascular: aptidão física do adulto e teste de esforço**. Rio de Janeiro: Revinter, 1998.

FERNANDES FILHO, J. **A Prática da Avaliação Física**. 2ª ed., Rio de Janeiro: Shape, 2003.

FRONTERA, W. R.; DAWSON, D. M.; SLOVIK, D. M. **Exercício Físico e Reabilitação**. Porto Alegre: Artmed, 2001.

GHORAYEB, N.; BARROS NETO, T. L. **O Exercício: preparação fisiológica, avaliação médica, aspectos especiais e preventivos**. São Paulo: Atheneu, 1999.

GLEDHILL, N. **Revision of the Physical Activity Readiness Questionnaire (PAR-Q)**. Can J Spt Sci., 2002. 17: 4, 338-45.

GUEDES, R. **Comportamento da onda U na cicloergometria**. Tese de Mestrado em Cardiologia. UFRJ, Rio de Janeiro, 1979.

HASKELL, W.; SAVIN, W.; OLDRIDGE, N.; DeBUSK, R. **Factors influencing estimated oxygen uptake during exercise testingsoon after myocardial infarction**. Am J Cardiol, 1982. 50: 299-304.

JONES, H. L. **Clinical Exercise Testing**. Phyladelphia: Saunders Co, 1975.

KARVONEN, M.; KENTALA, K.; MUSTA, O. **The effects of training on heart rate: a longitudinal study**. Ann Med Exp Biol Fenn, 1957. 35: 307-315.

MYERS, J. N. **Essentials of Cardiopulmonary Exercise Testing**. Champaign. United States: Human Kinetics Books, 1996.

MOFFA, P. **Aspectos eletrocardiográficos controvertidos**. SBC: Simpósio Internacional sobre infarto do miocárdio. Rio de Janeiro, Brasil: Unipress ed. 1981. 24-28.

NUNES, R. A. M.; MACHADO, A. **Cardiopatia e Esporte: Miocardiopatia Hipertrófica**. 5°. Santa Mônica Fitness – Congresso Internacional de Atividade Física. Rio de Janeiro/RJ, Brasil, 2002. 01: 115.

NUNES, R. A. M.; MACHADO, A. **Cardiopatia e Esporte: origem anômala de coronárias**. 5°. Santa Mônica Fitness – Congresso Internacional de Atividade Física. Rio de Janeiro/RJ, Brasil, 2002. 01: 116.

NUNES, R. A. M.; NOVAES, G. S.; NOVAES, J. S. **Guia de Socorros e Urgências. APH.** 2ª Ed. Rio de Janeiro: Shape, 2006.

SHEFFIELD, L. T., **Stress Testing Methodology**. Prog Cardiovasc Disease, 1976.

SKINNER, J. S. **Prova de esforço e Prescrição de Exercícios para casos específicos**. Rio de Janeiro: Revinter, 1991.

STEIN, E. **Eletrocardiografia Prática**. Rio de Janeiro: Revinter, 1989.

TRANCHESI, J. **Eletrocardiograma normal e patológico: noções de Vectorcardiografia**. 6ª ed., São Paulo: Atheneu, 1983.

WILLIAMS, R. A. **O Atleta e a Doença Cardíaca. Diagnóstico, Avaliação e Conduta**. Rio de Janeiro: Guanabara Koogan, 2002.

4. Ergometria e Classificação do Condicionamento Físico

Capítulo 4

Rodolfo Alkmim Moreira Nunes

TESTES CARDIORRESPIRATÓRIOS

Os testes cardiorrespiratórios podem ser diretos, através da análise dos gases expirados, ou indiretos, por equações de estimativa para determinação do consumo máximo de oxigênio e a consequente tabela de aptidão cardiorrespiratória.

Mas todo método tem suas limitações. Estas são referentes à praticidade, portabilidade, custo, validade, fidedignidade e objetividade. A praticidade relaciona-se com a facilidade e agilidade da medida, a portabilidade, com a facilidade de locomoção do equipamento, a validade, se ele mede precisamente o que se propõe a medir e a fidedignidade e objetividade, com a reprodutibilidade da medida tanto intra quanto interavaliadores (FERNANDES FILHO, 2003).

O desempenho físico do ser humano está diretamente relacionado com a idade, sexo, composição corporal e condições ambientais, sendo importante determinar se um teste indireto possui um coeficiente de correlação significativo de confiabilidade e validade, com o VO_2máx medido diretamente através dos instrumentos de coleta dos gases expirados (NUNES *et al.*, 2009).

ACSM (2003) coloca em seu Manual para teste de esforço e prescrição de exercícios que o VO_2máx pode ser medido através da ergoespirometria de circuito aberto. O indivíduo respira através de uma válvula de baixa resistência (com o nariz ocluído) enquanto são medidas a ventilação pulmonar e as frações expiradas de O_2 e CO_2.

Os procedimentos de mensuração foram muito simplificados com os modernos sistemas automatizados que proporcionam formulários e gráficos detalhados dos resultados dos testes, entretanto a atenção com a calibração do aparelho sempre anterior ao início dos testes é essencial para obtenção de resultados precisos (RONDON *et al.*, 1998).

Um número considerável de testes foram propostos para obter o VO_2máx, indiretamente em laboratório através dos ergômetros: tapete rolante, cicloergômetro e banco. Existem vários protocolos, e estes apresentam pontos positivos e negativos, porém, a escolha do teste deverá ter como orientação os seguintes fatores: objetivos, população a ser testada e disponibilidade de material (MARINS & GIANNICHI, 2008).

Devemos ficar atentos a todas as minúcias com relação aos ergômetros propostos, pois segundo Machado *et al.* (2003) a utilização da pedaleira no cicloergômetro, assim como o corrimão no tapete rolante, podem superestimar os valores do VO_2máx nos testes.

Podemos utilizar em laboratório os testes em tapete rolante ou cicloergômetro, para equações estimadas do VO_2máx. Ambas têm coeficiente de correlação entre 0,8 e 0,9 na linha de regressão (MYERS, 1996).

Os testes em tapete rolante são os mais utilizados e dentre eles o de Bruce (1974) é o mais conhecido e difundido em nosso meio, trata-se de um teste de cargas progressivas por variações empregadas na velocidade e inclinação do tapete rolante, para cada 3 minutos de estágio. Por ter incrementos de cargas elevados, os menos condicionados ficam pouco tempo no tapete rolante e ainda se assustam com as alterações bruscas. O cálculo do VO_2máx relativo é o seguinte:

Homens sadios	=	8,33	+	(2,94 x min.)
Mulheres sadias	=	8,05	+	(2,74 x min.)
Cardiopatas	=	10,20	+	(0,16 x 2,36 x min.)

Fonte: Bruce, 1974.

De forma semelhante ao de Bruce, o protocolo de Ellestad (1980) apresenta cargas progressivas, por variações de velocidade (a inclinação fica mantida em 10% até o 4º estágio, aumentando para 15% até o final), e estágios menores, de 2 minutos. Devido às características do teste, somente deve ser aplicado em indivíduos treinados. O cálculo do VO_2máx relativo é de 3 METs para cada estágio completado.

Nos testes máximos de cicloergômetros, o mais utilizado é o protocolo de Astrand (1977), que consiste na aplicação de cargas progressivas de 25W a cada estágio de 3 minutos até o esforço máximo. A FC é registrada a cada minuto, e a PA a cada final de estágio e na recuperação, assim como o registro do ECG. A carga inicial é diferenciada: Cardiopatas (10W); Mulheres (25W); Homens (50W)

O protocolo de Balke (1959) é semelhante ao de Astrand, isto é, na verdade o protocolo de Astrand é uma derivação ou um aprimoramento, já que observa-se que os estágios eram pequenos e os incrementos elevados, onde a interrupção sempre era precoce e o resultado insatisfatório. O protocolo de Balke tem intervalos de 2 minutos e incrementos de cargas de 25W de modo contínuo até o esforço máximo. O cálculo é feito pela equação do ACSM:

$$VO_2 \text{ máx. relativo} = 12 \times \text{carga (W)} + 300/\text{peso (kg)}$$

Fonte: ACSM, 2003.

Storer & Davis (1990) publicaram equação para cicloergômetro baseada na potência final através de um protocolo que utiliza incrementos de 15W por minuto. Seguem as fórmulas para ambos os sexos:

Mulheres: [(9,39 x carga) + (7,7 x peso) – (5,88 x idade) + 136,7]/peso
Homens: [(10,51 x carga) + (6,35 x peso) – (10,49 x idade) + 519,3]/peso

Fonte: Storer & Davis, 1990.

- carga (W);
- peso (kg);
- idade (anos).

Segundo Myers (1996), 95% dos limites conferidos para estimativa do VO_2máx, baseados no tempo de permanência no tapete rolante, atingiram mais do que o esperado, valores acima de $30\text{mlO}_2/\text{kg/min}$. (8,5 METs). Esta falta de precisão pode ser atribuída aos seguintes fatores:

- adaptação ao ergômetro utilizado (menor variação quanto maior a experiência com o ergômetro);
- exercício realizado (menor variação quanto maior a proximidade das atividades físicas habituais);
- presença de DAC (mais difícil de predizer o consumo máximo de oxigênio com patologias individuais);
- o protocolo de exercício (menor variação quanto mais graduais forem os incrementos de carga, deve-se utilizar protocolos mais individualizados).

Sullivan & McKirman (1984) reportam que o VO_2máx medido foi 13% maior do que o previsto em pacientes com doença arterial coronariana do que em indivíduos normais no esforço de alta intensidade em tapete rolante.

Roberts *et al.* (1984) avaliaram a relação entre VO_2máx medido e predito em grupos heterogêneos de pacientes e grupos normais. A discrepância entre os dois grupos aumentou progressivamente com o aumento progressivo do teste. Em níveis elevados de esforço as diferenças maiores que 1 (um) MET foram observadas.

A escolha do protocolo para realização de provas de esforço é de fundamental importância e tem influência na relação do medido com o predito. Haskell *et al.* (1982), por exemplo, reportam que o VO_2máx estimado é aumentado em pacientes com doença arterial coronariana (DAC), quando o protocolo utilizado tiver incrementos de carga de forma gradual.

Com grupos heterogêneos de ambos os sexos de pacientes com DAC e grupo de indivíduos normais em análise direta do VO_2máx por meio de teste de esforço com protocolo de Rampa em cicloergômetro, Nunes *et al.* (2005) observaram que VO_2máx previsto foi superestimado com relação ao VO_2máx medido na amostra feminina.

Na mesma linha de pesquisa Fazolo *et al.* (2003) realizaram estudo comparativo entre as médias do VO_2máx previsto e o observado através do teste de banco, protocolo de McArdle e Katch de 1984. Concluíram que a diferença entre as propostas é muito grande.

Em outro laboratório, Myers (1991) avaliou seis diferentes protocolos, e a relação entre VO_2máx medido e predito. Foram utilizados três protocolos em tapete rolante: Bruce (com rápido incremento de cargas); Balke modificado (com incrementos de forma gradual); e Rampa individualizado (com incrementos moderados). Também foram utilizados três protocolos em cicloergômetro: o primeiro com estágios de 3min./50W de carga; o segundo com estágios de 3min./25W de carga; e o terceiro protocolo de Rampa individualizado (com incrementos moderados).

O erro no VO_2máx estimado foi grande nos protocolos que tiveram incrementos de cargas maiores e mais rápidos, induzindo à superestimação na capacidade funcional. O erro padrão é maior no protocolo de Bruce e menor nos testes individualizados de Rampa, sugerindo que a diferença do VO_2máx estimado para o esforço é maior quanto mais rápido for o incremento de cargas e menor quanto mais gradual e/ou individualizado o método.

Seguindo a linha dos testes de Rampa, Nunes *et al.* (2009) utilizaram em amostra de 4.640 indivíduos do sexo feminino um protocolo incremental contínuo em cicloergômetro (Cateye modelo ergociser EC 1600, Osaka, Japão), onde os indivíduos mantiveram a cadência de 60rpm. Foram realizados

2 minutos para aquecimento, sendo que no primeiro minuto os indivíduos pedalaram sem carga para adaptação ao ergômetro e no segundo minuto com incremento de 0,5kg.m de carga. A partir deste ponto iniciou-se o teste propriamente dito com 0,8kg.m de carga e incrementos de 0,2kg.m/min até atingir a exaustão voluntária. Portanto, a carga inicial no 1º minuto foi de 48W (60rpm x 0,8kg.m) e incrementos de 12W/min continuamente até o esforço máximo.

Os indivíduos saudáveis não atletas, com idades acima de 20 anos, foram divididos randomicamente em dois grupos: grupo A de estimação e grupo B de validação. A partir das variáveis independentes massa corporal (MC) em kg, carga de trabalho no limiar 2 (WL2) e frequência cardíaca no limiar 2 (FCL2) foi possível construir um modelo de regressão linear múltipla para predição do VO_2máx em mlO_2/kg/min^{-1}, com r = 0,995 e EPE = 0,68mlO_2/kg/min^{-1} na equação abaixo:

$$VO_2máx = 40.302 - 0.497\ (MC) - 0.001\ (FCL2) + 0.239\ (WL2)$$

Fonte: Nunes *et al.*, 2009.

O método de validação cruzada foi utilizado no grupo B e o grupo A serviu como base para a composição do modelo e do conjunto de dados para a validação. Os resultados demonstram que em mulheres saudáveis e não atletas é possível predizer o VO_2máx com um erro mínimo (EPE = 1,00%) a partir de indicadores submáximos obtidos em teste incremental (Nunes *et al.*, 2009)

TABELAS DE APTIDÃO CARDIORRESPIRATÓRIA

Portanto, após a determinação dos valores do VO_2máx tabular, a aptidão cardiorrespiratória dos indivíduos facilitaria o desempenho, já que o VO_2máx é uma importante variável relacionada ao rendimento e à produtividade do ser humano.

Os pesquisadores têm observado a extensão na qual a aptidão cardiorrespiratória do indivíduo é determinada pelo sexo, idade e carga genética. Segundo Tritschler (2003), os três fatores influenciam significativamente no VO_2máx, e não podem ser controlados, pois são hereditários.

É importante, contudo, que as tabelas sejam divididas por sexo, faixa etária e sejam elaboradas em regiões de etnia semelhante.

Tabela I – Valores Normais de VO_2máx em mlO_2/kg/min.+/-desvio padrão

Idade (anos)	Homens	Mulheres
20-29	43+/-7,2 12 METs	36+/-6,9 10 METs
30-39	42+/-7,0 12 METs	34+/-6,2 10 METs
40-49	40+/-7,2 11 METs	32+/-6,2 9 METs
50-59	36+/-7,1 10 METs	29+/-5,4 8 METs
60-69	33+/-7,3 9 METs	27+/-4,7 8 METs
70-79	29+/-7,3 8 METs	27+/-5,8 8 METs

Fonte: *American Heart Association* (1996).

Na tabela I para análise dos dados, dividiu-se o grupo por sexo, calculando-se a média e o desvio padrão de indivíduos ativos, aparentemente saudáveis. Os padrões fornecidos configuram o grau de normalidade para cada década de vida de 20 a 79 anos.

Tabela II – **Mulheres:** VO_2máx (mlO_2/kg/min.)

Idade	Muito fraca	Fraca	Razoável	Boa	Excelente
20-29	-24	24-30	31-37	38-48	+49
30-39	-20	20-27	28-33	34-44	+45
40-49	-17	17-23	24-30	31-41	+42
50-59	-15	15-20	21-27	28-37	+38
60-69	-13	13-17	18-23	24-34	+35

Fonte: *American Heart Association* (1972).

Tabela III – **Homens:** VO_2máx (mlO_2/kg/min.)

Idade	Muito Fraca	Fraca	Razoável	Boa	Excelente
20-29	-25	25-33	34-42	43-52	+53
30-39	-23	23-30	31-38	39-48	+49
40-49	-20	20-26	27-35	36-44	+45

Idade	Muito Fraca	Fraca	Razoável	Boa	Excelente
50-59	-18	18-24	25-33	34-42	+43
60-69	-16	16-22	23-30	31-40	+41

Fonte: *American Heart Association* (1972).

Segundo Araújo (1986), as tabelas II e III são as mais utilizadas internacionalmente, juntamente com as tabelas VI e VII, como podemos comprovar em estudos de Oliveira *et al.* (2003) e de Vieira *et al.* (2003) do perfil do VO_2máx em universitários no Brasil e também sobre a análise comparativa do VO_2máx entre militares brasileiros feita por Silva *et al.* (2004).

Nestas tabelas da AHA os valores quantificados são inteiros sem decimais, simplificando para os avaliadores no momento da classificação. Os valores de VO_2máx e os resultados são qualificados em cinco classes: muito fraco, fraco, regular, bom e excelente, respectivamente em função do sexo e décadas etárias. A qualificação excelente é utilizada para atletas sem estes estarem no grupo amostral.

Tabela IV – Homens: VO_2máx (mlO_2/kg/min.)

Idade	Muito Fraca	Fraca	Regular	Boa	Excelente
20-29	-38	39-43	44-51	52-56	+57
30-39	-34	35-39	40-47	48-51	+52
40-49	-30	31-35	36-43	44-47	+48
50-59	-25	26-31	32-39	40-43	+44
60-69	-21	22-26	27-35	36-39	+40

Fonte: Astrand (1977).

Tabela V – Mulheres: VO_2máx (mlO_2/kg/min.)

Idade	Muito Fraca	Fraca	Regular	Boa	Excelente
20-29	-28	29-34	35-43	44-48	+49
30-39	-27	28-33	34-41	42-47	+48
40-49	-25	26-31	32-40	41-45	+46
50-65	-21	22-28	29-36	37-41	+42

Fonte: Astrand (1977).

Já as tabelas IV e V de Astrand mantêm a simplicidade das tabelas da AHA, ou seja, quantificando em valores inteiros e com cinco classes qualificatórias, porém, incluindo os atletas no grupo amostral. Contudo, a verificação dos valores normativos do VO_2máx para idade e sexo foi estimada em população de norte-americanos, com predominância anglo-saxônica.

Na tabela V, ou seja, no universo feminino, Astrand não conseguiu um grupo amostral suficiente para a faixa etária de 60 a 69 anos, englobando, assim, a mesma na faixa etária de 50 a 65 anos.

Tabela VI – Homens: VO_2máx (mlO_2/kg/min.)

Idade	M. Fraca	Fraca	Regular	Boa	Excelente	Superior
13-19	-35.0	35.1-38.3	38.4-45.1	45.2-50.9	51.0-55.9	+56.0
20-29	-33.0	33.1-36.4	36.5-42.4	42.5-46.4	46.5-52.4	+52.5
30-39	-31.5	31.6-35.4	35.5-40.9	41.0-44.9	45.0-49.4	+49.5
40-49	-30.2	30.3-33.5	33.6-38.9	39.0-43.7	43.8-48.0	+48.1
50-59	-26.1	26.2-30.9	31.0-35.7	35.8-40.9	41.0-45.3	+45.4
+60	-20.5	20.6-26.0	26.1-32.2	32.3-36.4	36.5-44.2	+44.3

Fonte: Cooper (1970).

Tabela VII – Mulheres: VO_2máx (mlO_2/kg/min.)

Idade	M. Fraca	Fraca	Regular	Boa	Excelente	Superior
13-19	-25.0	25.1-30.9	31.0-34.9	35.0-38.9	39.0-41.9	+42.0
20-29	-23.6	23.7-28.9	29.0-32.9	33.0-36.9	37.0-40.9	+41.0
30-39	-22.8	22.9-26.9	27.0-31.4	31.5-35.6	35.7-40.0	+40.1
40-49	-21.0	21.1-24.4	24.5-28.9	29.0-32.8	32.9-36.9	+37.0
50-59	-20.2	20.3-22.7	22.8-26.9	27.0-31.4-	31.5-35.7	+35.8
+60	-17.5	17.6-20.1	20.2-24.4	24.5-30.2	30.3-31.4	+31.5

Fonte: Cooper (1970).

As tabelas VI e VII fizeram parte dos primeiros estudos de testes para aptidão física, estes reconhecidos como critério de referência relacionado à saúde. O Instituto Cooper publicou em 1980 normas de percentil (10, 25, 50, 75, 90) de referência de aptidão física, para um grupo especificamente definido, isto é, determinar níveis de desempenho, para que se possa observar a progressão da aptidão física. Sendo o percentil de 50% como a média normativa de referência relacionada à saúde.

Extremamente abrangente, engloba todas as faixas etárias acima de treze anos e com seis classes qualificatórias, incluindo a classe superior específica para os atletas e os valores do VO_2máx expressos em decimais.

Tendo mais de trinta anos de existência, as tabelas VI e VII têm algumas defasagens, principalmente nos valores femininos, pois na década de setenta as mulheres não eram adeptas das atividades físicas como na atualidade.

Tabela VIII – Valores Normativos do Percentil para o VO_2máx (mlO_2/kg/min.)

Percentil \ Idade	20-29	30-39	40-49	50-59	+60
Homens					
90	51.4	50.4	48.2	45.3	42.5
80	48.2	46.8	44.1	41.0	38.1
70	46.8	44.6	41.8	38.5	35.3
60	44.2	42.4	39.9	36.7	33.6
50	42.5	41.0	38.1	35.2	31.8
40	41.0	38.9	36.7	33.8	30.2
30	39.5	37.4	35.1	32.3	28.7
20	37.1	35.4	33.0	30.2	26.5
10	34.5	32.5	30.9	28.0	23.1
Mulheres					
90	44.2	41.0	39.5	35.2	35.2
80	41.0	38.6	36.3	32.3	31.2
70	38.1	36.7	33.8	30.9	29.4
60	36.7	34.6	32.3	29.4	27.2
50	35.2	33.8	30.9	28.2	25.8
40	33.8	32.3	29.5	26.9	24.5
30	32.3	30.5	28.3	25.5	23.8
20	30.6	28.7	26.5	24.3	22.8
10	28.4	26.5	25.1	22.3	20.8

Fonte: Instituto de Pesquisa Aeróbica de Dallas (ACSM, 2003).

Estudo realizado em 1994 (tabela VIII), com estudantes universitários norte-americanos, de predominância anglo-saxônica, para verificação dos valores normativos do VO_2máx para idade e sexo. O VO_2máx foi estimado por meio do protocolo de Balke modificado em tapete rolante. As classificações do percentil segundo ACSM (2003): bem acima da média (90%), acima da média (70%), média (50%), abaixo da média (30%) e bem abaixo da média (10%). Sugere ainda que o VO_2máx com percentil abaixo de 20% aumentaria o risco de mortalidade.

Esta norma de percentil também foi utilizada por Silva *et al.* (2004) na classificação do curso de formação de delegados da Polícia Civil do Rio Grande do Sul, que obtiveram como média para aprovação no curso o percentil de 50%. Com resultado nos valores de VO_2máx (ml/kg/min) de 42.0 no masculino e de 34.8 no feminino.

Tabela IX – Masculino: Valores normativos para o VO_2máx (mlO_2/kg/min.)

Idade	18-25	26-35	36-45	46-55	56-65	+66
Excelente	80-63	70-58	77-53	60-47	58-43	50-38
Bom	59-53	54-50	49-44	43-40	39-37	36-33
Ac. média	51-47	47-44	42-40	38-35	35-33	32-29
Média	46-43	42-40	38-35	35-32	31-30	28-25
Ab. média	41-38	39-35	34-32	31-29	29-26	25-22
Ruim	35-31	34-31	30-27	28-26	25-22	21-20
Muito ruim	29-20	28-20	25-19	23-18	21-16	18-15

Fonte: Myers, Golding e Sinning (1989).

Tabela X – Feminino: Valores normativos para o VO_2máx (mlO_2/kg/min.)

Idade	18-25	26-35	36-45	46-55	56-65	+66
Excelente	71-58	69-54	66-46	64-42	57-38	51-33
Bom	54-48	51-46	44-39	39-35	36-32	31-28
Ac. média	46-42	43-40	37-34	33-31	31-28	27-25
Média	41-39	38-35	33-31	30-28	27-25	24-22
Ab. média	37-34	34-31	30-28	27-25	24-22	22-20
Ruim	32-29	30-26	26-23	24-21	21-19	18-17
Muito ruim	26-18	25-20	21-18	19-16	17-14	16-14

Fonte: Myers, Golding e Sinning (1989).

As tabelas IX e X fornecem normas de avaliação para o VO₂máx (mlO₂/kg/min.). Valores alcançados por sistema de análise de gases expirados sob protocolo de Rampa até a exaustão em tapete rolante.

Foram utilizadas normas de percentil (10, 25, 50, 75, 90) de referência de aptidão física, com sete classes qualificatórias segundo Morrow Jr. (2003). Portanto, segundo as classificações das tabelas IX e X os indivíduos que ficassem abaixo da média ou abaixo do percentil 50% eram encorajados a treinar para atingir este nível.

Tabela XI – **Homens:** Tempo de exame (minutos)

Idades	Muito fraca	Fraca	Razoável	Boa	Excelente
20-29	<7:00	7:00-9:30	10:00-13:30	14:00-15:00	>15:00
30-39	<6:30	7:00-8:30	9:00-12:00	12:30-14:00	>14:30
40-49	<5:30	6:00-7:00	7:30-11:00	11:30-12:30	>13:00
50-59	<5:00	5:30-6:30	7:00-11:00	11:30-12:30	>13:00
>60	<3:30	4:00-5:30	6:00-9:30	10:00-11:00	>11:30

Fonte: Araújo & Araújo (1986).

Tabela XII – **Mulheres:** Tempo de exame (minutos)

Idades	Muito fraca	Fraca	Razoável	Boa	Excelente
20-29	<4:00	4:30-5:30	6:00-10:00	10:30-11:30	>12:00
30-39	<3:30	4:00-5:30	6:00-9:30	10:00-11:00	>11:30
40-49	<3:00	3:30-4:30	5:00-9:00	9:30-10:30	>11:00
50-59	<3:00	3:30-4:30	5:00-8:30	9:00-10:00	>10:30
>60	<2:30	3:00-4:00	4:30-7:00	7:30-8:30	>9:00

Fonte: Araújo & Araújo (1986).

As tabelas XI e XII foram elaboradas em território nacional, a partir da estimação do tempo de teste como fator discriminativo, com um grupo amostral de 1.300 indivíduos saudáveis, de ambos os sexos, acima de 20 anos de idade.

Foram classificados quanto à aptidão cardiorrespiratória em cinco qualificações: muito fraca, fraca, razoável, boa e excelente.

O teste escolhido para quantificar os valores de tempo foi o protocolo de Bruce em tapete rolante. O que acabou configurando a limitação desta classificação apresentada, pois a tabela só pode ser utilizada quando se usar o mesmo protocolo.

Tabela XIII – Homens sedentários: VO_2máx (mlO_2/kg/min.)

Idade	Muito fraco	Fraco	Regular	Bom	Excelente
20-29	<36	36-42	43-45	46-49	>49
30-39	<34	34-38	39-41	42-45	>45
40-49	<30	30-33	34-35	36-39	>39
50-59	<27	27-31	32-34	35-38	>38

Fonte: UNIFESP/EPM/CEMAFE (GHORAYEB & BARROS NETO, 1999).

Tabela XIV – Mulheres sedentárias: VO_2máx (mlO_2/kg/min.)

Idade	Muito fraco	Fraco	Regular	Bom	Excelente
20-29	<30	30-34	35-36	37-41	>41
30-39	<29	29-33	34-35	36-38	>38
40-59	<25	25-29	30-32	33-34	>34

Fonte: UNIFESP/EPM/CEMAFE (GHORAYEB & BARROS NETO, 1999).

No Brasil, a Escola Paulista de Medicina realizou dois estudos entre 1994 e 1998 quanto à classificação da aptidão cardiorrespiratória, o primeiro grupo (tabelas XIII e XIV) com 498 sedentários saudáveis, sendo 311 do sexo masculino e 187 do feminino, e o segundo grupo (tabelas XV e XVI) com 572 atletas corredores, sendo 444 do sexo masculino e 128 do feminino.

Nos dois estudos com indivíduos de ambos os sexos entre 20 e 59 anos, foi utilizado o protocolo de Rampa de teste de esforço em tapete rolante até a exaustão e o VO_2máx determinado por medida direta através da análise dos gases expirados (GHORAYEB & BARROS NETO, 1999).

Diferente das tabelas masculinas, nas tabelas XIV e XVI, os resultados quantitativos e qualitativos foram divididos por apenas três faixas etárias, as duas últimas foram englobadas em apenas uma, ficando a última faixa etária feminina bem extensa.

Tabela XV – Homens atletas: VO_2máx (mlO_2/kg/min.)

Idade	Muito fraco	Fraco	Regular	Bom	Excelente
20-29	<53	53-56	57-61	62-66	>66
30-39	<50	50-54	55-58	59-61	>61

Idade	Muito fraco	Fraco	Regular	Bom	Excelente
40-49	<49	49-53	54-55	56-59	>59
50-59	<44	44-48	49-53	54-56	>56

Fonte: UNIFESP/EPM/CEMAFE (GHORAYEB & BARROS NETO, 1999).

Tabela XVI – Mulheres atletas: VO_2máx (mlO_2/kg/min.)

Idade	Muito fraco	Fraco	Regular	Bom	Excelente
20-29	<43	43-48	49-51	52-54	>54
30-39	<45	45-49	50-51	52-56	>56
40-59	<39	39-42	43-46	47-49	>49

Fonte: UNIFESP/EPM/CEMAFE (GHORAYEB & BARROS NETO, 1999).

A classificação do VO_2máx das tabelas XIII, XIV, XV e XVI foi realizada segundo normas de percentil em 20, 40, 60 e 80 para os valores de VO_2máx e os resultados qualificados em: muito fraco, fraco, regular, bom e excelente, respectivamente em função do sexo e faixas etárias.

Tabela XVII – Valores Normais de VO_2máx em mlO_2/kg/min.+/- desvio padrão

Idade / Sexo	20-29	30-39	40-49	50-59	+60
Masculino	n=13 x=50.56 s=4.79	n=9 x=45.69 s=7.28	n=14 x=41.94 s=5.06	n=11 x=32.09 s=7.18	n=4 x=35.14 s=7.42
Feminino	n=17 x=40.57 s=6.49	n=27 x=36.16 s=8.93	n=38 x=32.77 s=7.17	n=20 x=27.34 s=8.45	n=6 x=15.31 s=7.74

Fonte: Souza, Costa, Fagundes, Goulart e Miranda (2003).

Na Tabela XVII para avaliar a capacidade cardiorrespiratória utilizou-se o teste de caminhada da milha (*Rockport Test*), na região centro-oeste do Brasil.

Na análise dos dados, dividiu-se o grupo por sexo (51 homens e 108 mulheres), calculando-se a média e o desvio padrão de indivíduos ativos, aparentemente saudáveis. Os padrões fornecidos configuram o grau de normalidade para cada década de vida de 20 a 75 anos.

Nunes *et al.* (2005) observaram lacuna a ser preenchida com a elaboração de tabelas referenciais, visando dar uma cobertura maior aos brasileiros oriundos de todas as partes do Brasil e suas miscigenações características de nossa etnia, que não se inserem entre patológicos e atletas, mas que praticam atividade física em academias de ginástica, sem a devida orientação e necessitam de exercícios, seja por prevenção ou recreação. Este estudo foi por meio do consumo máximo de oxigênio, por método direto com base científica.

Todos os estudos revisados sobre a elaboração de tabelas de aptidão cardiorrespiratória foram realizados através de protocolos em tapetes rolantes. Justificam-se, portanto, os valores médios apresentados nas tabelas XVIII e XIX, que foram realizados através do consistente protocolo de Rampa em cicloergômetros, serem cerca de 6% a 11% inferiores aos valores das tabelas internacionais revisadas (McARDLE, KATCH & KATCH, 1992).

As Tabelas XVIII e XIX apresentam os valores do VO_2máx em escala de percentil e com a qualificação da aptidão cardiorrespiratória de cada faixa etária preestabelecida nos dois sexos investigados.

Tabela XVIII – Homens: VO_2máx (mlO_2/kg/min.)

Classificação	Percentil	20-29	30-39	40-49	50-59	60-69	>70
	n	902	1132	691	261	116	45
Muito fraco	10%	<25	<23	<20	<18	<17	<16
Fraco	25%	25-30	23-28	20-25	18-22	17-21	16-20
Regular inf.	50%	31-37	29-34	26-30	23-26	22-25	21-24
Regular sup.	75%	38-43	35-40	31-36	27-31	26-29	25-28
Bom	90%	44-49	41-45	37-41	32-35	30-33	29-32
Excelente		>49	>45	>41	>35	>33	>32

Fonte: Nunes (2005).

Tabela XIX – Mulheres: VO_2máx (mlO_2/kg/min).

Classificação	Percentil	20-29	30-39	40-49	50-59	60-69	>70
	n	1315	1928	868	407	101	21
Muito fraco	10%	<24	<22	<19	<16	<15	<15
Fraco	25%	24-28	22-26	19-23	16-20	15-19	15-18
Regular inf.	50%	29-32	27-30	24-27	21-24	20-22	19-21
Regular sup.	75%	33-36	31-34	28-32	25-28	23-25	22-24
Bom	90%	37-40	35-38	33-36	29-33	26-28	25-26

Classificação	Percentil	20-29	30-39	40-49	50-59	60-69	>70
Excelente		>40	>38	>36	>33	>28	>26

Fonte: Nunes (2005).

Seguindo o exemplo do Instituto Cooper (1970), associações de saúde e vários autores, destacando-se o AHA (1972) e Astrand (1977), fizeram parte dos primeiros estudos de testes para aptidão física, estes reconhecidos como critério de referência relacionado à saúde. Porém, as verificações dos valores normativos do VO_2máx para idade e sexo foram estimadas em população de norte-americanos, com predominância anglo-saxônica.

O Instituto Cooper (apud Morrow *et al.*, 2003) publicou em 1987 normas de percentil (10, 25, 50, 75, 90) de referência para aptidão física, para um grupo especificamente definido, isto é, determinar níveis de desempenho, para que se possa observar a progressão da aptidão física. Sendo o percentil de 50% como a média normativa de referência relacionada à saúde.

Certos estudos deram tanta importância ao valor normativo de 50% como ponto básico de referência que não se preocuparam em ao menos classificar a aptidão cardiorrespiratória. O AHA (1996) e Souza *et al.* (2003) pesquisaram indivíduos ativos, aparentemente saudáveis, de ambos os sexos, acima de 20 anos, colocando o percentil de 50% como valor médio de referência para saúde.

A classificação da aptidão cardiorrespiratória segundo ACSM (2003) foi obtida em estudo realizado em 1994 pelo Instituto de Pesquisa Aeróbica de Dallas, com estudantes universitários norte-americanos, de predominância anglo-saxônica. O VO_2máx foi estimado através do protocolo de Balke modificado em tapete rolante. A norma de percentil utilizada foi a seguinte: bem acima da média (90%), acima da média (70%), média (50%), abaixo da média (30%) e bem abaixo da média (10%). Sugere ainda que o VO_2máx com percentil abaixo de 20% aumentaria o risco de mortalidade.

O estudo de Myers (1996) fornece normas de avaliação para o VO_2máx (mlO_2/kg/min.). Os valores alcançados por sistema de análise de gases expirados sob protocolo de Rampa até a exaustão em tapete rolante. Utilizando as normas de percentil (10, 25, 50, 75, 90) de referência de aptidão física, com sete classes qualificatórias: muito ruim, ruim, abaixo da média, média, acima da média, bom e excelente.

Portanto, a utilização dos valores do VO_2máx em percentil de 50% seria basicamente uma referência em quase todas as tabelas de valores normativos para aptidão cardiorrespiratória, assim como no presente estudo, onde foram utilizadas as normas de percentil como referência de padrões de aptidão física relacionada à saúde.

Segundo Morrow Jr. *et al.* (2003) o indivíduo que ficar abaixo de 50% no teste é encorajado para atingir aquele nível. Nesta direção se estabelece cortes de 10%, 25%, 50%, 75% e 90%, tendo em 50% o valor médio normativo e quanto mais se distanciarem do centro estariam os dois extremos da tabela de aptidão física, ou seja, no limite superior os desportistas de alto nível, e no limite inferior os sedentários ou patológicos.

Divide-se em abaixo da média (25% a 50%) e acima da média (50% a 75%), que estariam próximos ao valor médio. O marco seria o 50% (média), o valor a ser alcançado pelos indivíduos que estariam na classificação de "regular inferior"; atingindo o valor correspondente à média (50%), passariam para a classificação de "regular superior".

Abaixo de 25% o indivíduo aumentaria o risco de vir a contrair patologia cardiorrespiratória, e até os 10% seria classificado como "fraco". Diminuindo o valor do VO_2máx dos 10% (limite inferior) na escala percentil, o risco patológico seria elevado e a classificação, "muito fraco".

Acima de 75%, o indivíduo teria boa carga genética, ou estaria treinando forte, com classificação "boa". Afastando-se da média, podendo atingir o valor do VO_2máx superior a 90% (limite superior) na escala percentil, e almejar o *status* de atleta.

Para se manter esta simplicidade alcançada pelas tabelas do AHA (1972), que são as mais utilizadas internacionalmente até os dias de hoje, os resultados são expressos em valores quantificados na forma de algarismos inteiros sem decimais, facilitando para os avaliadores no momento da classificação.

REFERÊNCIAS BIBLIOGRÁFICAS

AMERICAN COLLEGE OF SPORTS MEDICINE. **Diretrizes do ACSM para os Testes de Esforço e sua Prescrição.** 6ª ed., Rio de Janeiro: Guanabara Koogan, 2003.

AMERICAN HEART ASSOCIATION. **Medical Scientific Statement on Exercise: benefits and recommendations for physical activity programs for all americans**. Circulation, 1996. 94: 857.

AMERICAN HEART ASSOCIATION. **Exercise testing and training of apparently healthy individuals. A handbook for physicians**. Circulation, 1972.

ARAUJO, B. A. **Ergometria e Cardiologia Desportiva**. Rio de Janeiro: Medsi, 1986.

ASTRAND,P. O.; RODAHL, K. **Textobook of Work Physiology.** 2ª ed., 1977.

BALKE, B.; WARE, R. W. **Experimental study of physical fitness of Air Force personel.** U. S. Air Force Med J, 1959. 10: 675.

BRUCE, R. A. **Methods of Exercise Testing**. Am J Cardiol, 1974, v. 33.

COOPER, K. **The new aerobics**. New York: Evans and Company, 1970.

ELLESTAD, M. H. **Stress Testing**. 2ª ed., FA Davis Co, 1980.

FAZOLO, E.; TUCHE, W. S.; BARBOSA, M. A.; SANTOS, L. A.; VOIGHT, L.; CUNHA, R. S.; DANTAS, P. M.; FERNANDES FILHO, J. **Comparação entre as médias do VO$_2$máx previsto e observado em programa de treinamento na academia**. Rev. Brasileira Medicina do Esporte, 2003, v. 09, 1: S48.

FERNANDES FILHO, J. **A Prática da Avaliação Física**. 2ª ed., Rio de Janeiro: Shape, 2003.

GHORAYEB, N.; BARROS NETO, T. L. **O Exercício: Preparação Fisiológica, Avaliação Médica, Aspectos Especiais e Preventivos**. São Paulo: Atheneu, 1999.

HASKELL, W.; SAVIN, W.; OLDRIDGE, N.; DeBUSK, R. **Factors influencing estimated oxygen uptake during exercise testingsoon after myocardial infarction.** Am J Cardiol, 1982. 50: 299-304.

MACHADO, A. F.; NUNES, R. A. M.; PÁVEL, D. A. C.; FERNANDES FILHO, J. **A eficiência da pedaleira durante o teste de cicloergômetro submáximo de Astrand**. FIEP Bulletin, special edition, article, 2003, v. 73: 293-296.

MARINS, J. C. B.; GIANNICHI, R. S. **Avaliação & Prescrição de Atividade Física.** 2ª ed. Rio de Janeiro: Shape, 2008.

McARDLE, W. D.; KATCH, F. I.; KATCH, V. L. **Fisiologia do Exercício: Energia, Nutrição e Desempenho Humano.** 3ª ed., Rio de Janeiro: Guanabara Koogan, 1992.

MYERS, J. N. **Essentials of Cardiopulmonary Exercise Testing**. Champaign. United States: Human Kinetics Books, 1996.

MYERS, J. N.; BUCHANAN, N.; WALSH, D.; KRAEMER, M.; McAULEY, P. **Effect of sampling on variability and plateau in oxygen uptake**. J Appl Physiol, 1990. 68 (1): 404-410.

MYERS, J. N.; BUCHANAN, N.; WALSH, D.; KRAEMER, M.; McAULEY, P. **Comparison of the ramp versus standard exercise protocols**. J Am Coll Cardiol, 1991. 17: 1334-1342.

NUNES, R. A. M.; FONSECA, B. B.; MACHADO, A. F.; FERNANDES FILHO, J. **Correlação entre o VO$_2$máx indireto predito e o direto**. Rev. Brasileira Medicina do Esporte, 2003, v. 09, 1: S46.

NUNES, R. A. M.; PONTES, G. F. R.; DANTAS, P. M. S.; FERNANDES FILHO, J. **Tabela referencial de condicionamento cardiorrespiratório.** Fitness & Performance Journal, 2005, v. 4, 1: 27-33.

NUNES, R. A. M.; VALE, R. G. S.; SIMÃO, R.; SALLES, B. F.; REIS, V. M.; NOVAES, J. S.; MIRANDA, H.; RHEA, M. R.; MEDEIROS, A. C. **Prediction of VO$_2$max during cycle ergometry based on submaximal ventilatory indicators.** J Streng th Cond Res, 2009. 23 (6): 1745-1751.

OLIVEIRA, A. C.; MANCUSO, A. L.; MACIEL, C. E.; ARAGÃO, L. R.; SERAFIM, M. J.; FERNANDES, R.; PEIXE, A. G.; ARAGÃO, J. C. **Análise do perfil do VO$_2$máx de uma turma de Educação Física da UNESA**. FIEP Bulletin, special edition, 2003, v. 73: 129.

ROBERTS, J. M.; SULLIVAN, M.; FROELICHER, V. F.; GENTER, F.; MYERS, J. **Predicting oxygen uptake from treadmill testing in normal subjects and coronary artery disease patients**. Am Heart J, 1984. 108: 1454-1460.

SILVA, S. S.; ALCÂNTARA, A. S.; MEDEIROS, C. A.; SANTOS, F. E.; BRUNO, F. Z.; SILVA, M. S.; GUERRA PEIXE, A. H.; ARAGÃO, J. C. **Análise comparativa do VO$_2$máx de militares do ESIE e do BMA.** FIEP Bulletin, special edition, 2004, v. 74: 77.

SOUZA, A. F.; COSTA, D. S.; FAGUNDES, T. F.; GOULART, P.; MIRANDA, M. F. **Avaliação Cardiorrespiratória dos praticantes de caminhada do parque das nações indígenas**. FIEP Bulletin, special edition, 2003, v. 73: 44.

STORER,T. W.; DAVIS, J. A. **Accurate prediction of VO$_2$máx in cycle ergometry.** Med Sci Sports Exerc, 1990. 22: 704-712.

SULLIVAN, M.; McKIRNAN, M. D. **Errors in predicting functional capacity for postmyocardial infarction patients using a modified Bruce protocol**. Am Heart J, 1984. 107: 486-491.

TRITSCHLER, K. **Medida e Avaliação em Educação Física e Esportes**. 5ª ed., São Paulo: Manole, 2003.

VIEIRA, A. S.; SILVA, A. C.; ANDRADE, A. P.; BRITO, J. A.; GOULART, R. M.; MONTEIRO, R. M.; COSTA, W. C.; PEIXE, A. G.; ARAGÃO, J. C. **Análise do perfil do VO$_2$máx de uma turma de Fisioterapia da UNESA**. FIEP Bulletin, special edition, 2003, v. 73: 129.

5. Prescrição de exercícios aeróbicos

Capítulo 5

Adriana Vassalli Souza
Isa Bragança Lavouras
Rodolfo Alkmim Moreira Nunes

Atualmente, na sociedade, o baixo nível de atividade física tem sido altamente prevalente, de tal dimensão que vem se tornando um problema de saúde pública. E com o objetivo de melhorar a condição de saúde da população, recentes recomendações do *American College Sports of Medicine* (2003) reforçam a necessidade de profissionais ligados à área de saúde evidenciarem os benefícios alcançados por um hábito de vida ativo, incentivando a prática regular de atividade física.

No Brasil, dados do Instituto Brasileiro de Geografia e Estatística (IBGE), revelam que 80.8% dos adultos são sedentários. Em São Paulo, esses índices alcançam 70% da população adulta, sendo mais prevalente do que o fumo (38%), HAS (22%) e a obesidade (18%).

Embora haja relatos de atividade física em medicina desde o século XIX, a reabilitação cardíaca é ainda um procedimento jovem nascido da Cardiologia. Foi a partir da década de 60 que ocorreram, de maneira mais nítida e efetiva, mudanças substanciais de hábitos de vida e treinamento físico nos pacientes cardiopatas, que seriam do imobilismo e da aposentadoria precoce para uma saudável retomada às atividades física, social e laborativa, por meio da recuperação do desempenho físico e autoconfiança proporcionada pelo programa de reabilitação cardiovascular (CARVALHO *et al.*, 2006).

Segundo a organização Mundial de Saúde, reabilitação cardíaca é o somatório das atividades necessárias para garantir aos pacientes portadores de cardiopatia as melhores condições física, mental e social, de forma que eles consigam, pelo seu próprio esforço, reconquistar uma posição normal na sociedade e levar uma vida ativa e produtiva. Há quatro décadas, os pacientes acometidos de infarto do miocárdio apresentavam grande perda da capacidade funcional (MORAES *et al.*, 2005).

Os programas de Reabilitação cardíaca foram desenvolvidos com o objetivo de fazer com que esses pacientes voltem as suas atividades diárias habituais, dando ênfase no programa de exercício supervisionado por médicos capacitados.

Os pacientes que aderem a programas de reabilitação cardíaca apresentam inúmeras mudanças hemodinâmicas, metabólicas, miocárdicas, vasculares, alimentares e psicológicas que estão associadas ao melhor controle dos fatores de risco e à melhora da qualidade de vida (CARVALHO *et al.*, 2006).

ADAPTAÇÕES AO TREINAMENTO AERÓBICO

PRESSÃO ARTERIAL

O treinamento físico reduz a pressão arterial de repouso e durante exercício submáximo. Estudos epidemiológicos têm revelado uma associação entre o baixo nível de atividade física e a presença de hipertensão arterial. Por outro lado, grandes ensaios clínicos aleatórios e metanálises têm confirmado que o exercício físico regular pode reduzir os níveis pressóricos.

Dessa forma, a partir dos "anos 90", diversas diretrizes passaram a recomendar a prática de atividade física como meio de prevenção e tratamento da hipertensão arterial. Esse efeito hipotensor do exercício pode ser observado após uma única sessão aguda de exercício dinâmico, perdurando por até 24 horas com níveis tencionais proporcionalmente mais baixos (GODOY, *et al.* 1997).

Resultados recentes de uma metanálise, envolvendo 53 estudos clínicos controlados, mostraram que o exercício aeróbico regular leva a uma redução de até 4,9 e 3,7mmHg nos níveis de pressão sistólica e diastólica de repouso, respectivamente.

FREQUÊNCIA CARDÍACA

O treinamento aeróbico reduz tanto a frequência cardíaca em repouso como durante o exercício realizado em cargas submáximas de trabalho. Nos últimos anos, o treinamento complementar de força passou a fazer parte dos programas de reabilitação cardíaca, ajudando a melhorar a endurance muscular, a função cardiovascular, o metabolismo, os fatores de risco coronariano e o bem-estar geral. A força muscular é fundamental para a saúde, para a manutenção de boa capacidade funcional e para atingir qualidade de vida satisfatória.

DISLIPIDEMIA

A atividade física exerce uma ação favorável sobre o perfil lipídico, principalmente nos casos de hipertrigliceridemia, níveis diminuídos de HDL--colesterol e alterações nas subfrações do LDL-colesterol. Uma única sessão de exercício pode diminuir os níveis de triglicérides e aumentar os níveis de HDL-colesterol de forma fugaz, desaparecendo o efeito num período em torno de dois dias. Isso ressalta a importância da realização regular de exercício físico no combate às dislipidemias (PIEGAS *et al.*, 2004).

Programas de treinamento físico com um gasto calórico semanal de 1.200 a 2.200kcal são suficientes para provocar um efeito favorável nos níveis de lípides séricos. Mesmo com mudanças mínimas no peso corporal, quanto maior o gasto calórico semanal, maiores os benefícios para a lipemia. O exercício não parece alterar os níveis plasmáticos de LDL-colesterol, mas provoca uma diminuição das partículas pequenas e densas de LDL-colesterol e um aumento do seu tamanho médio.

A carga de treinamento necessária para obter esse benefício equivale a um gasto calórico equivalente a 23kcal/kg por semana, o que para uma pessoa com 75kg equivaleria a um gasto semanal de 1.700kcal. A mudança nas partículas do LDL-colesterol provocada pelo exercício é independente de alterações nos valores do LDL-colesterol total.

OBESIDADE/DIABETES

Embora a obesidade esteja relacionada a fatores genéticos, estudos associam o crescimento do número de indivíduos obesos ao estilo de vida adotado pelo mundo moderno, incluindo como fator importante o estilo de vida sedentário.

A obesidade está fortemente relacionada à prevalência de diabetes mellitus tipo II, hipertensão e doenças cardiovasculares, entre outras doenças. Está estabelecido que o exercício físico regular tenha efeitos favoráveis sobre as comorbidades da obesidade, particularmente naquelas relacionadas às doenças cardiovasculares e ao diabetes mellitus tipo II.

O exercício aumenta o metabolismo basal e a oxidação de lipídios e glicose, aumentando a sensibilidade à insulina, favorecendo o tratamento da síndrome metabólica muitas vezes associada à obesidade.

Em pacientes diabéticos tipo II, a melhora na sensibilidade à insulina possibilita diminuição da dose ou até mesmo eliminação de hipoglicemiantes orais.

Quadro 1

Variável	Adaptação
Densidade óssea	↑↑
Força	↑↑↑
FC em repouso	↔
HDL-C	↑↔
LDL-C	↓↔
Massa muscular	↑↑
Metabolismo basal	↑↑
Nível de insulina basal	↓
% de gordura corporal	↓
PA Diastólica em repouso	↓↔
PA Sistólica em repouso	↔
Sensibilidade à insulina	↑↑
VO_2 máximo	↑↔

Fonte: Lavouras, 2009.

De uma forma geral, a prática regular de exercícios é responsável por mudanças hemodinâmicas, clínicas e psíquicas. Essas mudanças positivas são maximizadas com exercícios regulares de 3 a 5 vezes por semana. Em pacientes envolvidos em programas de reabilitação cardiopulmonar e metabólica (RCPM), essas manifestações positivas que ocorrem com o indivíduo trazem consequências favoráveis, pois levam à redução ou anulação das drogas medicamentosas durante o programa, diminuindo o custo e aumentando a autoestima, trazendo ao paciente melhor qualidade de vida.

Acreditando no impacto do exercício físico como tratamento não medicamentoso das doenças cardiovasculares, a proposta da RCPM é individualizar o programa, orientando o indivíduo baseado nos resultados da ergoespirometria ou teste cardiopulmonar de exercício (TCPE), realizado simultaneamente ao teste de exercício (TE), independentemente do ergômetro ou protocolo utilizado, preconizando os individualizados como Rampa (AHA, 2000).

UTILIZAÇÃO PRÁTICA DO MÉTODO DE TCPE, SEGUNDO JONES (1997):

1. Mobilização da reserva funcional:
- Habilidade para desempenhar atividades diárias.

2. Obtenção dos limiares ventilatórios:
- Desequilíbrio entre oferta e demanda de O_2;
- Aumento da velocidade da glicólise muscular;
- Diminuição da concentração de NADH ou formação de ácido láctico.

Além da monitorização eletrocardiográfica e da pressão arterial sistêmica, uma máscara ou bocal interligado a equipamento eletrônico, previamente calibrado, permitirá a passagem de gases expirados, estes serão analisados e registrados, a intervalos de tempo variáveis. Clip nasal impedirá respiração por via nasal.

Os dados obtidos sob forma de tabelas e gráficos facilitarão a identificação de índices e limiares observados durante o exercício. O oxímetro também é utilizado, com o objetivo de acompanhar a resposta da saturação de oxigênio durante o esforço físico.

O protocolo de escolha atualmente é o de Rampa, devido a facilidade de realização em qualquer ergômetro, ter menos impacto para o paciente entre os estágios e, com isto, oferecer a melhor identificação dos limiares ventilatórios, de lactato e permitindo maiores níveis de $VO_2máx$. Utiliza-se o protocolo de Rampa com incrementos de carga em reduzido intervalo de tempo com duração total do exercício entre 8 e 12 minutos, homogeneizando o horário de atendimento (NUNES *et al.*, 2009).

No TE tradicional, além das variáveis clínicas, hemodinâmicas e eletrocardiográficas, com a adição dos dados da ergoespirometria, consegue-se obter maior significado diagnóstico em algumas situações, tais como: analisar o pulso de oxigênio em uma situação de queda tensional sistólica discreta, podendo enfatizar a suspeita diagnóstica de disfunção ventricular durante exercício quando esta variável estiver alterada (ATS/ACCP, 2003).

PARÂMETROS ANALISADOS DE MAIOR SIGNIFICÂNCIA CLÍNICA:

1. $VO_2máx$. ou VO_2de pico

A identificação do $VO_2máx$. em um teste com aumento progressivo de carga ocorre quando o aumento no trabalho não ocasiona elevação do VO_2, tendo um aumento inferior a $50ml.min^{-1}$, ou $2,1ml.kg^{-1}.min^{-1}$, formando um platô no gráfico.

No caso de identificação do VO_2 pico: é o maior VO_2 atingido no esforço. O consenso da SBC recomenda que o VO_2 seja expresso em referência a um valor previsto por equação para idade, peso e sexo (% do previsto), assim como em relação ao peso (ml.kg.min), sendo nomeado por este motivo de VO_2 relativo (SBC, 2004).

2. Limiar anaeróbico ou 1° limiar ventilatório (limiar de lactato)

Se caracteriza pela perda da linearidade entre ventilação (VE) e o consumo de oxigênio mais baixo (VE/VO_2) antes de seu aumento progressivo ou pelo início do aumento no VE/VO_2 em desproporção ao VE/VCO_2. Também pode ser identificado por intermédio de equações de regressão pelo método computadorizado do V-Slope (GIBBONS, 2002).

3. 2° limiar ventilatório ou ponto de compensação respiratória (PCR)

O PCR se caracteriza pela perda da linearidade da relação entre o produto da VE e o VCO_2, com o VE/VCO_2 mais baixo, antes do aumento progressivo. Além disso, é o ponto no qual a VE passa a aumentar em desproporção ao aumento no VCO_2, ocorrendo uma hiperventilação. Se caracteriza pela perda da linearidade da relação entre o produto da VE e o VCO_2. A relação VE/VCO_2 mais baixo antes do aumento progressivo, com queda da PET CO_2, a PET CO_2 mais alta, precedendo sua queda abrupta (ACC, 2000).

VENTILAÇÃO MINUTO (VE)

A frequência respiratória durante o teste cardiopulmonar de exercício (TCPE) raramente ultrapassa 50irpm.

VE = VAC (Volume corrente) x FR (frequência respiratória)

O VAC representa de modo parcial a expansibilidade pulmonar, em repouso ficaria entre 300 e 600ml em cada movimento respiratório, podendo aumentar em até 70% da capacidade vital quando realizando exercício físico (ATP/ACCP, 2003).

EQUIVALENTES VENTILATÓRIOS DE OXIGÊNIO E GÁS CARBÔNICO

Expressam quantos litros de ar por minuto são necessários e devem ser ventilados para consumir 100ml de O_2 (nível: 2,3 a 2,8l/100ml) ou para produzir em CO_2.

Durante o esforço progressivo, as relações VE/VO_2 e VE/VCO_2 primeiro diminuem, para depois virem a aumentar até o final (GIBBONS, 2002).

Pressão Expirada de Oxigênio (PET O_2).

Em Repouso, aproximadamente 90mmHg, diminuindo transitoriamente logo após o início do exercício. Ao ser atingido o limiar 1, a PET O_2 aumenta 10 a 30mmHg até se alcançar o esforço máximo – o fenômeno ocorre devido à hiperventilação (LEE *et al.*, 1988).

Pressão expirada de dióxido de carbono.

Ao nível do mar varia entre 36 a 42mmHg, atingindo o seu valor máximo quando é caracterizado o limiar 2 (PCR), podendo em seguida diminuir (LEE *et al.*, 1988).

Quociente Respiratório (QR).

Traduz a razão entre o CO_2 produzido e O_2 consumido. Ao se iniciar o esforço, o QR encontra-se entre 0,65 e 0,85. Neste momento, o indivíduo estará utilizando lipídios como fonte de energia. Com a progressão do exercício e os valores se aproximando de 1,0 há inversão, isto é, começa a predominar o consumo de carboidratos (GIBBONS, 2002).

Pulso de oxigênio (VO_2/FC).

Demonstra a quantidade de oxigênio que é transportada a cada sístole cardíaca. Parâmetro de controle na fração de ejeção miocárdica para o diagnóstico de disfunção ventricular (ATP/ACCP, 2003).

Critérios de maximalidade no TCPE:

- Presença de VCO_2/VO_2 > 1.1;
- Evidência da presença do PCR;
- VE > 60% da máxima prevista;
- Eventual presença de um platô na curva do VO_2 diante de aumento progressivo na carga;
- Associada à FC máxima atingida e à sensação subjetiva de esforço.

Para se utilizar a ergoespirometria no diagnóstico diferencial da dispneia, devemos analisar algumas variáveis descritas por Wasserman (1996) onde se desenvolveram algoritmos para determinar a causa da dispneia a partir da ergoespirometria. Para avaliar a possibilidade de limitação pulmonar ao exercício é obrigatória a medida do VEF1 (volume de ar exalado no primeiro segundo) ou a medida direta da VVM (Ventilação Voluntária Máxima) por espirometria convencional.

Quadro 2

	Limitação Cardiocirculatória	Limitação Pulmonar
VO$_2$máx	Reduzido	Reduzido
Limiar anaeróbio	Reduzido	
Reserva Respiratória (%)	> 25	Normal ou não detectado
VE/VCO$_2$ no limiar (com reserva reduzida)		> 30
VE/VCO$_2$ no limiar (com reserva normal)	> 30	
Delta VO$_2$/Delta carga (ml/min.W)	< 8	> 9

Fonte: Wasserman *et al.*, 1975

Portanto, quando se coloca o exercício como terapêutica complementar no tratamento das diversas patologias cardiorrespiratórias e endócrino-metabólicas, deve-se ter o cuidado de receitar o "remédio" na dose correta. Observando as variáveis a seguir:
- Exercício: aeróbico e seus deferentes ergômetros;
- Tipo de exercício: contínuo ou intervalado;
- Frequência do exercício: 3 a 5 vezes por semana;
- Duração do exercício: 30 a 60 minutos;
- Intensidade do exercício: FCT (Frequência Cardíaca de Treino) ou PSE (Percepção Subjetiva de Esforço):

Quadro 3

Variável	Tipo	Mínimo	Máximo
FCT	Pico	60%	80%
	Reserva	50%	70%
	Limiares ventilatórios	FCL1	FCL2
PSE	Borg de 0 a 10	4	6
	Borg de 6 a 20	10	12
	Costa (Faces)	N	C

Fonte: Nunes *et al.*, 2009.

São os critérios para incrementos de cargas na prescrição de exercícios aeróbicos: FC abaixo do limite inferior do estipulado pelo TCPE, escala de

PSE abaixo do mínimo. Para diminuição da intensidade, deve se observar a assiduidade no programa de exercícios e/ou sintomatologia.

Quando o aluno/paciente chega à RCPM, ele verifica o peso corporal e se dirige para a mesa do médico responsável pela sessão para avaliação clínica inicial, composta de: anamnese, verificação da pressão arterial, frequência cardíaca, saturação de oxigênio e eletrocardiograma. Todas estas variáveis, com exceção da anamnese, devem ser acompanhadas durante os exercícios e acrescidas da verificação da FCT e da PSE estipuladas na prescrição inicial.

NOME: KKKKKK **Código:** C02092

CONDIÇÃO CLÍNICA: Enfisema Bolhoso Bilateral + DAC + RVM (1981); Stent farmacologico em ja **PES:** I

IDADE: 62 **Dt/Nasc:** 17/1/1945 **9 furos**

MEDICAMENTOS: Dilacoron 80mg 2x ; Lipitor 10 mg 1x ; vastarel ;plavix; Reposição Hormonal; fraseq **ECG:** Diário

Médico Assist : Dr. WWWW **Tel :**

Contínuo 108 | 120 **Intervalado** 114 | 130

DT/Peso/PA	SO2/FC	BK	B	EK	Ti	i	TT	R	T	PSE	Médico	OBSERVA
			4,5								MP	PK 89%
18/7/09	92%	VP1 (60W)15'	(60) 5'				20'	(60) 30'				EK 88%
80 | 130 | 80	94	150 | 80 | 122	120	126				130		4 | 5		ECG OK
			5,5								BV	PK 88%
20/7/09	90%	VP1 (60W)20'	(60) 5'				20'	(60) 5'				EK 88%
79,8 | 130 | 88	102	146 | 88 | 123	132	125				120		5 | 5 | 5		ECG OK
			6								RA	PK 88%
21/7/09	91%	VP1 (80W)20'	(60) 5'				25'	(60) 30'				EK 88%
80,5 | 126 | 80	89	150 | 70 | 115	120	123				112		5 | 5 | 5		ECG OK
			5								RA	PK 88%
23/7/09	92%	HP1 (80W)20'	(60) 5'	7	5'	25'		(60) 5'				EK 88%
80,8 | 122 | 82	84	140 | 80 | 103	112	118				132		5 | 5 | 5		ECG OK
			6								BV	PK 88%
25/7/09	93%	VP2 (40-120W)20'	(60) 5'			30'	(60) 30'					EK 86%
81,5 | 110 | 70	44	150 | 80 | 107	105	117				110		5 | 5 | 5		**ECG ESV**
			5								SL	PK 87%
27/7/09	92%	VP1 (80W)20'	(60) 5'	7	5'	30'		(60) 5'				EK 86%
81,8 | 120 | 80	86	156 | 80 | 107	110	113				112		4 | 5 | 6		ECG OK
DT/Peso/PA	SO2/FC	BK	B	EK	Ti	i	TT	B	T	PSE	Médico	
			6								RA	PK 88%
28/7/09	91%	VP2 (40-120W)20'	(60) 5'			30'	(60) 30'					EK 86%
81,6 | 130 | 80	86	138 | 70 | 110	120	120				113		5 | 5 | 5		ECG OK
			5								MP	ECG OK
3/8/09		VP1 (80W)20'	(60) 5'	7	5'	30'		(60) 5'				EK 86%
78,4 | 130 | 70	88	140 | 70 | 112	112	110				110		4 | 5 | 5		PK 86%
			6								RA	PK 89%
4/8/09	91%	VP2 (40-120W)20'	(60) 5'			30'	(60) 30'					EK 87%
77,5 | 130 | 80	84	152 | 80 | 104	112	114				116		5 | 5 | 4		ECG OK
			5								RA	PK 88%
6/8/09	92%	VP1 (80W)20'	(60) 5'	7	5'	30'		(60) 5'				EK 88%
76,8 | 120 | 70	86	134 | 70 | 113	111	116				120		4 | 5 | 5		ECG OK
			6								MP	PK 88%
8/8/09	91%	VP2 (40-120W)20'	(60) 5'			30'	(60) 30'					EK 88%
77 | 110 | 70	94	140 | 70 | 117	117	115				110		5 | 4 | 4		ECG OK
			5								BV	PK 86%
10/8/09	90%	VP1 (80W)20'	(60) 5'	7	5'	30'		(60) 5'				EK 85%
77,7 | 118 | 70	88	140 | 70 | 110	110	113				117		4 | 5 | 5		ECG OK

Colocamos como referência a prescrição no quadro anterior discriminando os diferentes tipos de ergômetros (BK: cicloergômetro de membros inferiores, B: cicloergômetro de membros superiores, EK: tapete rolante, R: remo, T: transport), os tipos de exercício (contínuo e intervalado) e a sua duração em minutos.

Com isso, podemos mostrar como o exercício físico regular nos permite contribuir para a terapêutica do paciente cardíaco e na prevenção e controle das complicações associadas aos fatores de risco causadores de doenças cardiovasculares.

REFERÊNCIAS BIBLIOGRÁFICAS

AMERICAN COLLEGE OF CARDIOLOGY/AMERICAN HEART ASSOCIATION. **Clinical competence statement on stress testing.** J Am Coll Cardiol 2000; 36: 1441-53.

ANDRADE, J. *et al.* **II Diretrizes da Sociedade Brasileira de Cardiologia sobre teste ergométrico.** Arq. Bras. Cardiol., 2002; 78 (Supl II): 1-18.

ATS/ACCP. **Statement on cardiopulmonary exercise testing.** Am J respire Crit Care Med. 2003; 167(2): 211-77.

AZAMBUJA, E. *et al.* **Impacto Econômico dos Casos de Doença Cardiovascular Grave no Brasil: uma estimativa baseada em dados secundários.** Arq. Bras. Cardiol., 2008; 91(3): 163-171.

CARVALHO, T. *et al.* **Diretriz de Reabilitação Cardiopulmonar e Metabólica: aspectos práticos e responsabilidades.** Arq. Bras. Cardiol., 2006, v. 86 (1).

CÉSAR, C. M. *et al.* **Respostas cardiopulmonares ao exercício em pacientes com insuficiência cardíaca congestiva de diferentes faixas etárias.** Arq. Bras. Cardiol., 2006. V. 86 (1).

GIBBONS *et al.* **Guidelines update for exercise testing.** Circulation 2002, 106: 1883-1892.

GODOY, M. *et al.* **Sociedade Brasileira de Cardiologia. I Consenso Nacional de Reabilitação Cardiovascular.** Arquivos Brasileiros de Cardiologia. v. 69, n° 4, pp. 267-291, 1997.

JONES, N. L. **Clinical Exercise Testing**. Philadelphia: WB Saunders Company, 4th, 1997.

LEE, T. H. *et al.* **Estimation of maximum oxygen uptake from clinical data: performance of the specific activity scale.** Am Heart J 1988; 115: 203-4.

MORAES, R. S. *et al.* **Diretriz de Reabilitação Cardíaca.** Arq. Bras. Cardiol., 2005, v. 84 (5).

NUNES, R. A. M. *et al.* **Prediction of VO_2max during cycle ergometry based on submaximal ventilatory indicators.** J Streng th Cond Res, 2009. 23 (6): 1745-1751.

PIEGAS, L. S. *et al.* **Reabilitação após infarto agudo do miocárdio. III Diretriz sobre tratamento do infarto agudo.** Arq. Bras. Cardiol., 2004. V. 83, Supl. IV.

REGO, R. A. *et al.* **Fatores de risco para doenças crônicas: inquérito domiciliar no município SP**. Rev. Saúde Pública, 1990; 24: 277-85.

SILVA, E. *et al.* **Treinamento físico no tratamento da insuficiência cardíaca**. Arq. Bras. Cardiol., 2002; 79: 351-6

STUKEL, T. A.; ALTER, D. A. **Analysis Methods for Observational Studies Effects of Cardiac Rehabilitation on Mortality of Coronary Patients.** JACC, 2009. V. 54 (1).

WASSERMAN, K. **Exercise gas exchange in heart disease.** Futura Publishing Company: New York, 1996.

WASSERMAN, K.; WHIPP, B. J. **Exercise physiology in health and disease.** Am. Rev Resp Dis, 1975; 112: 219-249.

6. Avaliação Funcional e Cineantropometria

Renato Duarte Frade
Rodrigo Gomes de Souza Vale
Rodolfo Alkmim Moreira Nunes

A avaliação deve ser realizada no início do programa e tem como objetivo fornecer ao profissional de saúde as informações necessárias para a elaboração de seu planejamento de atividades pautado nas necessidades do cliente ou grupo de clientes.

Ao realizar a avaliação no início das atividades e no término do planejamento estabelecido, pode-se determinar o quão o programa elaborado está em consonância aos padrões de condicionamento físico desejado.

A avaliação deve ser realizada de forma integral e minuciosa, pois esta é a técnica mais humanística e menos dispendiosa para detecção dos principais problemas de saúde, com relevância na atividade física.

Nesse processo, a avaliação física pode ser dividida em: anamnese, exames físicos e exames complementares de diagnóstico.

Atitude do avaliador em relação ao cliente, onde certos quesitos são básicos:
- Conhecimento científico;
- Autoconfiança baseada na competência;
- Autocontrole emocional (estresse);
- Dignidade, educação (boas maneiras).
- Além destes, outros são importantes para a entrevista:
  - Interesse: desejo de compreender e auxiliar nos objetivos;

- Boa acolhida – não se deve revelar juízos morais ou respostas emocionais em relação a atitudes, comportamentos ou declarações do cliente;
- Calor humano e empatia – sensibilidade e compreensão dos problemas, mas sem exagerar nos sentimentos;
- Flexibilidade – o avaliador deverá conduzir com habilidade para que a anamnese seja coerente e com certa lógica (direcionar).

CRITÉRIOS DE AUTENTICIDADE CIENTÍFICA

Ao se determinar os protocolos para uma dada avaliação devem-se levar em consideração as mais diversas características, entender a maneira que os testes foram elaborados e estarem em consonância com os critérios de autenticidade científica (FERREIRA & FRADE, 2004).

- **Validade** – deve aferir exatamente o desejado, confere a segurança do propósito do teste;
- **Fidedignidade** – refere-se à segurança, consistência ou repetibilidade de uma medida. Confiança no mesmo avaliador;
- **Objetividade** – refere-se à ausência de influência pessoal do avaliador. Uniformidade com a qual vários avaliadores marcam os mesmos escores no teste;
- **Correlação** – o grau de concordância entre duas variáveis é expresso pelo coeficiente de correlação, simbolizado pela letra "r", calculado possui valores que variam de -1 a +1, estes valores seriam uma correlação perfeita.

Tabela dos índices de correlação:

C. de correlação	Validade	Fidedig. e objetiv.
+0.95/0.99		Excelente
+0.90/0.94		Muito bom
+0.85/0.89	Excelente	Aceitável
+0.80/0.84	Muito bom	Aceitável
+0.75/0.79	Aceitável	Fraco
+0.65/0.69	Questionável	Questionável
+0.60/0.64	Questionável	Questionável

Fonte: Triolla (1999)

No processo de seleção e construção de testes, a "validade" é o critério mais importante de autenticidade científica, podendo ser entendida como o grau no qual um teste mede o que se propõe a medir.

Constantemente, os profissionais envolvidos no processo de avaliação se deparam com situações onde julgamentos devem ser efetuados. Cabe a estes profissionais selecionar ou construir o melhor teste para cada situação em particular, elaborando e julgando programas com embasamento científico.

TESTES, MEDIDAS E AVALIAÇÕES

- **Teste** – é um instrumento, procedimento ou técnica usados para se obter uma informação;
- **Medida** – é o processo utilizado para coletar as informações obtidas pelo teste, atribuindo um valor numérico aos resultados. As medidas devem ser precisas e objetivas;
- **Avaliação** – determina a importância ou o valor da informação coletada. Classifica, indica se as metas e objetivos estão sendo alcançados, se os trabalhos foram satisfatórios. Compara com o padrão.

TIPOS DE AVALIAÇÃO

- **Diagnóstica** – qualifica quanto à determinada valência, às necessidades do avaliado, a fim de elaborar e planejar suas atividades;
- **Formativa** – acompanhamento do trabalho que está sendo feito com o avaliado, dando informações sobre o seu progresso;
- **Somativa** – avaliar determinado período de planejamento, com o objetivo de obter um quadro geral evolutivo do avaliado.

OBJETIVOS

- **Diagnosticar** – observar os pontos fracos e fortes para o programa de treinamento;
- **Classificar** – alinhar quanto ao grupo;
- **Selecionar** – com relação a determinado fim: time ou projeto;
- **Acompanhar** – determinar o progresso do trabalho;
- **Motivar** – forma técnica para melhorar a *performance*.

PRINCÍPIOS BÁSICOS

- Deve-se ter um objetivo específico para se avaliar;
- Os resultados devem ser interpretados, englobando o indivíduo no geral;
- Só deve-se testar e medir se for avaliar os resultados;
- Qualquer avaliação deve ser feita ou supervisionada por profissionais treinados;

- Tudo pode ser medido e interpretado;
- Excesso de confiança do avaliador em determinado teste pode ser prejudicial;
- Não há teste que substitua o julgamento profissional;
- Sempre colocar a data de reavaliação;
- Usar testes próximos da situação da atividade ou semelhante ao cotidiano do avaliado;
- Deve-se usar os "melhores" testes disponíveis na literatura científica, pesquisando continuamente.

COMPOSIÇÃO CORPORAL

Para uma programação de exercícios físicos adequados, é fundamental que sejam conhecidas as quantidades de gordura e massa muscular presentes no corpo.

O corpo humano é formado por diversos componentes, dentre os quais se destacam massa muscular, gordura corporal, massa óssea e massa residual.

Para alguns autores, a composição corporal é componente de aptidão física relacionada à saúde, em razão de existir a relação entre a quantidade e a distribuição da gordura corporal com alterações no nível de aptidão física e no estado de saúde das pessoas (ACMS, 2009; FERREIRA & FRADE, 2004; GUEDES & GUDES, 2003; ALLSSE, HARRISON & VANCE, 2001).

O aumento da massa muscular e a diminuição do percentual de gordura corporal é o objetivo principal da maioria dos praticantes de atividade física, não somente pelo ponto de vista estético, mas também por uma melhora na sua qualidade de vida, tendo em vista que várias doenças crônico-degenerativas estão associadas a um alto índice do percentual de gordura e ao estilo de vida sedentário (NOVAES, 2008).

Hoje em dia, a composição corporal pode ser obtida através de diversos métodos como a Pesagem Hidrostática, Bioimpedância, Antropometria (dobras cutâneas, perímetro corporal e densidade óssea), entre outros.

O método da Pesagem Hidrostática é considerado o padrão para a avaliação da composição corporal, porém, a sua utilização no campo torna-se imprópria, pois dentre outros detalhes requer um custo muito alto (FERNANDES FILHO, 2003).

O método mais adequado validado para o trabalho de campo é o da estimativa da densidade corporal por meio das dobras cutâneas, com o uso de um adipômetro, que consiste em medir a espessura do tecido adiposo subcutâneo em locais previamente determinados do corpo humano (ISAK, 2006).

Para a utilização deste método, os professores Jackson & Pollock (1980) desenvolveram uma equação generalizada validada para predizer a densidade corporal através da medida das dobras cutâneas em indivíduos do gênero feminino e masculino com idade de 18 a 61 anos.

Foi constatado por Jackson & Pollock (1980) uma alta correlação entre a densidade corporal obtida por meio da Pesagem Hidrostática e densidade corporal obtida através das dobras cutâneas, com a utilização das seguintes dobras: Subescapular, Tricipital, Peitoral, Axilar média, Abdominal, Suprailíaca e Coxa.

Foram desenvolvidas por Jackson & Pollock (1980) dois tipos de equações; uma utilizaria o somatório de 3 (três) dobras cutâneas (DC), este apresenta pontos de coleta diferentes entre os gêneros, e, o segundo, o somatório das 7 (sete) dobras.

PROTOCOLO DE 3 DC DE JACKSON & POLLOCK

Dobras Cutâneas utilizadas para homens (18 a 61 anos): Peitoral, Abdominal e Coxa.

$$\text{DENS.} = 1,1093800 - 0,0008267\ (\Sigma DC) + 0,0000016\ (\Sigma DC)^2 - 0,0002574\ (\text{idade})$$

Dobras Cutâneas utilizadas para mulheres (18 a 55 anos): Tríceps, Suprailíaca e Coxa.

$$\text{DENS.} = 1,0994921 - 0,0009929\ (\Sigma DC) + 0,0000023\ (\Sigma DC)^2 - 0,0001392\ (\text{idade})$$

Aplica-se a equação de Siri para calcular o percentual de gordura

$$\text{G\%} = [(4.95/\text{DENS.}) - 4.50] \times 100$$

DENS. = Densidade Corporal; ΣDC = Somatório das dobras; %G = Percentual de Gordura.

PROTOCOLO DE 7 DC DE JACKSON & POLLOCK

Dobras Cutâneas utilizadas: Subescapular, Peitoral, Tríceps, Axilar média, Abdominal, Suprailíaca e Coxa.

Para Homens (18 a 61 anos):

$$\text{DENS.} = 1,11200000 - [0,00043499\ (\Sigma DC)] + [0,00000055\ (\Sigma DC)^2] - [0,00028826\ (\text{idade})]$$

Para Mulheres (18 a 55 anos):

> **DENS. = 1,0970 – [0,00046971 (ΣDC)] + [0,00000056 (ΣDC)^2] – [0,00012828 (idade)]**

Aplica-se a equação de Siri para calcular o percentual de gordura

> **G% = [(4.95/DENS.) – 4.50] x 100**

DENS. = Densidade Corporal; ΣDC = Somatório das dobras; %G = Percentual de Gordura.

SOMATOTIPO

No processo de caracterização de grupos, é considerado como de grande importância a relação entre a estrutura corporal e a função.

Dentre vários métodos, o mais utilizado e difundido para isto, com bastante eficácia, é o método somatotipológico de Heath & Carter (1967), que realiza uma descrição quantitativa da forma atual e da composição corporal. A partir das medidas corporais de peso, estatura, dobras cutâneas, perímetros e diâmetros ósseos também é possível classificar uma pessoa de acordo com o somatotipo, que seria o seu "tipo biológico" característico. Existem basicamente 3 tipos:

a. **Endomorfo:** se caracteriza pela harmonia e regularidade do corpo. Geralmente apresentam arredondamentos principalmente na região do tronco e nos quadris e tem como principal característica a tendência para o armazenamento de gordura;

b. **Mesomorfo:** apresenta corpo anguloso com musculatura dura e proeminente. Os ossos são grandes e recobertos por músculos espessos. Apresentam geralmente um tórax mais largo e cintura esguia, antebraços largos e abdômen espesso. Apresentam uma facilidade extrema de ganho de massa muscular;

c. **Ectomorfo:** apresenta corpo esguio, os ossos são pequenos e os músculos finos, sem apresentar muita proeminência. São os indivíduos magros caracterizados pela presença de pouca gordura corporal, domínio da linearidade e aspecto de fragilidade.

O corpo humano é constituído por uma união destes 3 componentes, com a predominância de um ou de dois sobre outro. O somatotipo tem uma influência hereditária muito forte. Os resultados da avaliação de somatotipo também são muito utilizados para identificar a prática desportiva mais adequada para o indivíduo avaliado. A avaliação da composição corporal fornece informações muito interessantes para a pessoa avaliada e, além disso, é fundamental para que se possa fazer uma programação alimentar e de exercícios físicos totalmente adequada e individualizada.

Ao elaborar-se o programa de atividade física, deve-se levar em consideração o tipo físico (somatotipo), carga genética, idade, grau de ociosidade do indivíduo ou grupo de indivíduos com quem trabalhará e adequar os exercícios às suas necessidades, com um treino individualizado.

A palavra SOMATOTIPO, proposta por Sheldon, (1940), é o termo mais adequado para se referir às classificações físicas do corpo humano, ao invés de BIOTIPO.

Ao nascer, carregam-se informações genéticas de seus antepassados que impõem uma série de características como: predominância do tipo de fibra muscular, tamanho dos ossos, número e tamanho dos adipócitos (células onde são armazenadas as gorduras excedentes), entre outras inúmeras que fornecem o caráter mais importante ao homem: a individualidade (ISAK, 2006).

Não existem indivíduos que apresentem apenas uma das classificações. O que acontece é que um dos somatótipos é mais predominante do que outros. Sheldon (1940) apresenta um valor numérico para as morfias plenas igual a 7 e então classifica como suposto endomorfo pleno com proporção 7-1-1, como mesomorfo 1-7-1 e como ectomorfo 1-1-7.

Dentro dessas relações acontecem as variações e tendências como, por exemplo: se um indivíduo apresenta uma proporção 3-6-2, ele é um mesomorfo, com características boas para ganho de massa muscular, mas também apresentando uma característica de armazenamento de gordura. Um indivíduo de proporções 1-3-6 é um ectomorfo, magro, com alguma tendência para ganho de massa muscular, mas com tendência mínima para armazenar gordura. Um indivíduo 5-2-1 é um endomorfo, engorda com extrema facilidade.

Por meio dessas informações, Heath & Carter (1967) desenvolveram um formulário para a concepção desses somatotipo proposto por Sheldon (1940), levando em consideração diâmetros ósseos, dobras cutâneas de gordura e perimetrias, para chegar a um resultado mais próximo do real.

A. CÁLCULO DO COMPONENTE DE ENDOMORFIA (1° COMPONENTE)

Usa-se para o cálculo da Endomorfia (Endo): a estatura, as dobras cutâneas de tríceps, subescapular e supraespinhal, corrigidas pelo valor 170,18.

$$XC = \frac{(\text{Tríceps} + \text{Subescapular} + \text{Supraespinhal}) \times 170,18}{\text{Estatura (cm)}}$$

$$\textbf{Endo} = -0,07182 + 0,1451\,(XC) - 0,00068\,(XC)^2 + 0,000000014\,(XC)^3$$

XC = Variável independente a ser calculada para determinação do valor da Endomorfia.

B. CÁLCULO DO COMPONENTE DE MESOMORFIA (2° COMPONENTE)

Usa-se para o cálculo da Mesomorfia (Meso): a estatura, diâmetro do úmero (medido do epicôndilo lateral ao medial), diâmetro do fêmur (medido do epicôndilo lateral ao medial), perímetro de braço contraído (medido no ponto de maior perímetro), perímetro de perna (medido no ponto de maior volume).

Deve-se efetuar a correção dos perímetros de braço contraído e perna subtraindo destes os valores das dobras cutâneas de tríceps e panturrilha medial, respectivamente.

Meso = 0,858 (DU) + 0,601 (DF) + 0,188 (PDC – DC de Tríceps) +
0,161 (PP – DC de Panturrilha) – 0,131 (Estatura) + 4,5

DU = Diâmetro de Úmero; DF = Diâmetro de Fêmur; PDC = Perímetro de Braço Contraído; DC = Dobra Cutânea; PP = Perímetro de Perna.

C. CÁLCULO DO COMPONENTE DE ECTOMORFIA (3° COMPONENTE)

Usa-se para o cálculo da Ectomorfia: a estatura e o peso corporal, em que acharemos o Índice Ponderal (IP).

Cálculo do IP:

$$\frac{\text{Estatura (cm)}}{^3V \text{ Peso (kg)}}$$

Após o cálculo do IP, aplica-se o resultado nas seguintes equações:

Se o IP for ≥ 40,75 ⟶ **Ecto = (IP x 0,732) – 28,58**
Se o IP for < 40,75 e > 38,25 ⟶ **Ecto = (IP x 0,463) – 17,63**
Se o IP for ≤ 38,25 ⟶ **Ecto = 0,1**

PROCEDIMENTOS PARA AS MEDIDAS

Os procedimentos descritos a seguir estão em consonância com os testes de Heath & Carter, (1967) para Somatotipo e dobras cutâneas de Jackson & Pollock (1980).

ESTATURA E PESO

Para estatura e peso, o avaliado deverá subir de costa para a balança, trajando a menor quantidade de roupa e o mais ereto possível.

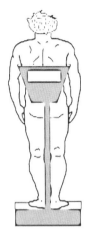
Figura 6.1

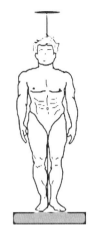
Figura 6.2

CIRCUNFERÊNCIAS

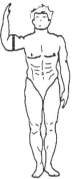
Figura 6.3

a. Braço:

Para circunferência de braço contraído, o avaliado deverá ficar de pé com o braço direito à frente no nível do ombro, com o antebraço esquerdo segurará internamente o punho direito, de modo a opor resistência a este; ao sinal do avaliador, o avaliado realizará uma contração da musculatura flexora do cotovelo, medindo-se a maior circunferência estando a fita em um ângulo reto em relação ao eixo do braço.

Figura 6.4

b. Perna:

Para circunferência de perna, colocar-se-á o avaliado em pé com as pernas levemente afastadas, colocando-se a fita no plano horizontal, no ponto de maior massa muscular.

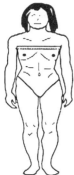

Figura 6.5

c. Tórax Feminino:

Fita num plano horizontal, passando por baixo das linhas axilares.

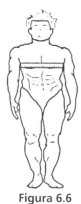

Figura 6.6

d. Tórax Masculino:

Fita num plano horizontal, passando por cima da cicatriz mamilar.

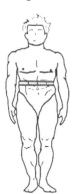

Figura 6.7

e. Cintura

O avaliado permanece em postura ortoestática (PO), com abdômen relaxado, no ponto de menor circunferência, abaixo da última costela, coloca-se a fita num plano horizontal.

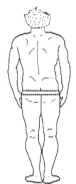

Figura 6.8

f. Quadril

Com o avaliado em PO, braços levemente afastados, pés juntos e glúteos contraídos, coloca-se a fita num plano horizontal no ponto de maior massa muscular da musculatura glútea.

Figura 6.9

g. Coxa

Com o avaliado em PO, com as pernas levemente afastadas, coloca-se a fita logo abaixo da prega glútea, num ponto horizontal.

DOBRAS CUTÂNEAS

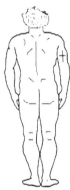

Figura 6.10

a. Tríceps

Determina-se paralelamente ao eixo longitudinal do braço direito na face posterior, sendo seu ponto exato de reparo a distância média entre a borda superior lateral do acrômio e o olécrano.

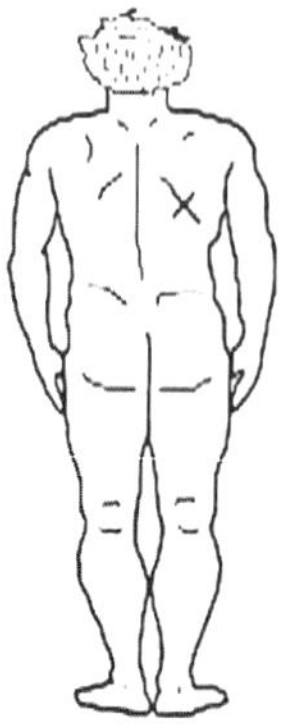

b. Subescapular

Obtendo-se obliquamente ao eixo longitudinal seguindo a orientação dos arcos costais, localizando-se 2cm abaixo do ângulo inferior da escápula.

Figura 6.11

c. Peitoral

Verifica-se na diagonal a um 1/3 proximal para mulheres e 1/2 para homens da linha axilar anterior e a mama.

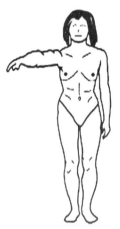

Figura 6.12

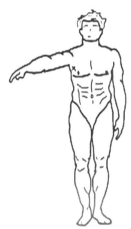

Figura 6.13

d. Axilar média

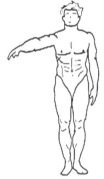

Examina-se obliquamente acompanhando o sentido dos arcos intercostais, localizando-se no ponto de intersecção da linha axilar média com a linha imaginária horizontal que passaria pelo apêndice xifoide, o avaliado deslocará o braço direito para trás a fim de facilitar o manuseio do compasso.

Figura 6.14

Figura 6.15

e. Suprailíaca

Posiciona-se o braço direito do avaliado levemente para trás. Toma-se a medida no sentido oblíquo de 2cm acima da crista Ilíaca anteroposterior na altura da linha axilar anterior.

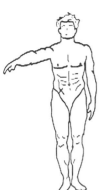

Figura 6.16

f. Supraespinhal

Medida no ponto de interseção da linha do ponto ilioespinhal com a linha axilar anterior. Esta medida fica cerca de 5 a 7cm acima do ponto ilioespinhal.

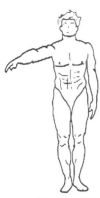

Figura 6.17

g. Abdominal

Determinada paralelamente ao eixo longitudinal do corpo aproximadamente 2cm à direita da borda lateral da cicatriz umbilical.

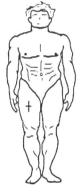

Figura 6.18

h. Coxa

Acurada paralelamente ao eixo longitudinal da perna sobre o músculo reto femoral, no ponto médio da distância do ligamento inguinal e do bordo superior da patela.

Figura 6.19

i. Panturrilha

Afere-se com o avaliado sentado com o joelho a 90° de flexão, tornozelo em posição anatômica e pé apoiado, afere-se a dobra no sentido paralelo ao eixo longitudinal do corpo, na altura da maior circunferência da perna.

DIÂMETROS ÓSSEOS

Figura 6.20

a. Cotovelo

O avaliado deve estar de pé, com o cotovelo e o ombro em flexão de 90°, as hastes do paquímetro deverão ficar a 45° em relação à articulação do cotovelo, o avaliador posicionar-se-á à frente do avaliado, delimitando o diâmetro biepicondiliar com auxílio dos dedos médios enquanto os indicadores controlarão as hastes do paquímetro, após isso, realiza-se a sua leitura.

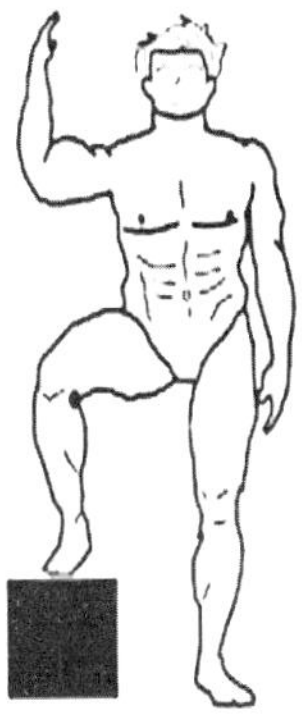

b. Joelho

O avaliado deve estar sentado, com a perna e a coxa formando um ângulo de 90° e os pés livres, as hastes do paquímetro devem ficar a 45° em relação à articulação do joelho, o avaliador posicionar-se-á à frente do avaliado, delimitando o diâmetro biepicondilianos com auxílio dos dedos médios enquanto os indicadores controlarão as hastes do paquímetro, após isso será feita a sua leitura.

Figura 6.21

VALÊNCIAS FÍSICAS

No processo de amadurecimento, inúmeras modificações ocorrem quanto à capacidade funcional de um indivíduo, como a diminuição da força muscular, da coordenação motora, do equilíbrio, da percepção motora e sinestésica, entre outras, sendo estas variáveis importantes a serem mensuradas (ACMS, 2009; NOVAES, 2008; MARINS & GIANNICHI, 1998).

FORÇA

Força muscular é a quantidade máxima de força que um músculo ou um grupo muscular pode gerar em um padrão específico de movimento em uma determinada velocidade de movimento (FLECK & KRAEMER, 2006; FLECK & KRAEMER, 2004).

Um programa de treinamento de força planejado adequadamente pode resultar em aumentos significativos na massa muscular, na hipertrofia das fibras musculares, na densidade óssea e nos aperfeiçoamentos no desempenho relacionados à força (NOVAES, 2008; KRAEMER & RATAMESS, 2004).

COORDENAÇÃO MOTORA

Coordenação motora é a capacidade de coordenação de movimentos decorrente da integração entre comando central (cérebro) e unidades motoras dos músculos e articulações (TUBINO, 1994).

Para que haja um trabalho de coordenação é necessário que se tenha um canal de entrada de informações e um canal de saída para execução dos comandos vindos do cérebro (PRADO, MAGALHÃES & WILSON, 2009).

O canal de entrada é preenchido pelo sistema receptor, ou seja, os sentidos visual, tátil, cinestésico, auditivo e vestibular. Enquanto o canal de saída é composto pelo Sistema Locomotor completo (membros superiores, membros inferiores e tronco) (PRADO, MAGALHÃES & WILSON, 2009).

Classifica-se a coordenação motora em dois grupos:

a. Coordenação motora geral

É a capacidade de usar de forma mais eficiente os músculos esqueléticos (grandes músculos), resultando em uma ação global mais eficiente, plástica e econômica. Este tipo de coordenação permite à criança ou ao adulto dominar o corpo no espaço, controlando os movimentos mais rudes. Ex.: andar, pular, rastejar, etc. (CARVALHO, 1988).

b. Coordenação motora fina

É a capacidade de usar de forma eficiente e precisa os pequenos músculos, produzindo assim movimentos delicados e específicos. Este tipo de coordenação permite dominar o ambiente, propiciando manuseio dos objetos. Ex.: recortar, lançar em um alvo, costurar, escrever, digitar, etc. (WEINECK, 1989).

EQUILÍBRIO

É a qualidade física conseguida por uma combinação de ações musculares com o propósito de assumir e sustentar o corpo sobre uma base contra a lei da gravidade. Há dois tipos de equilíbrio: equilíbrio estático e equilíbrio dinâmico (TUBINO, 1994).

O equilíbrio estático pode ser definido durante um movimento vigoroso, como caminhar numa trave de equilíbrio semelhante à ginástica olímpica.

Há evidências científicas que indicam que a habilidade de equilibrar-se, tanto estática quanto dinâmica, depende da função do mecanismo nos canais semicirculares; da sensação cinestésica dos músculos, tendões e articulações; da percepção visual do corpo em movimento e da habilidade de coordenar estas três fontes de estímulos (NETO, 1982; JOHNSON & NELSON, 1979).

O equilíbrio é uma capacidade importante usada nas atividades do dia a dia, como também na maioria dos jogos e atividades desportivas.

PERCEPÇÃO MOTORA E SINESTÉSICA

É a habilidade de perceber a posição, esforço e movimento das partes do corpo ou do corpo inteiro, durante uma ação muscular. É tida como sendo o sexto sentido. As fontes da propriocepção ou percepção sinestésica são presumivelmente alocadas nas articulações (JOHNSON & NELSON, 1979).

A percepção motora e sinestésica é de uma variável nas atividades do dia a dia de um ser humano. Acredita-se que os músculos veem mais que os olhos. Os indivíduos ao observarem uma demonstração e perceber a significância da sequência dos movimentos são capazes de aprender um movimento com mais rapidez que os indivíduos que não têm esta capacidade desenvolvida (MATSUDO, 2000). A percepção motora e sinestésica pode ser melhorada através da prática. Esta capacidade permite ao indivíduo ter noção da quantidade de força a ser utilizada em determinado momento da atividade, permite que o indivíduo tenha noção da localização de parte do seu corpo, ou do corpo inteiro, e ainda permite que ele tenha noção, por exemplo, da localização da raquete de tênis, que funciona como um prolongamento do corpo num jogo de tênis (TUBINO, 1994).

AVALIAÇÃO DA AUTONOMIA FUNCIONAL

A autonomia funcional se mostra importante para assegurar os níveis ótimos de execução das atividades da vida diária (AVD) do idoso e pode ser avaliada conforme o Protocolo de Avaliação da Autonomia Funcional do Grupo de Desenvolvimento Latino-Americano para a Maturidade (GDLAM). Este protocolo possui uma bateria de testes relacionados com as AVD em mulheres idosas e procura tornar prático e eficiente a avaliação da autonomia funcional. Assim, é possível perceber se os idosos que permanecerem ativos fisicamente ao longo da vida tenderão a prolongar a autonomia funcional e se aqueles que se mantiverem inativos fisicamente deverão sofrer os efeitos do envelhecimento com maior impacto (DANTAS e VALE, 2004; VALE, 2005).

Este protocolo é constituído dos testes a seguir:

- **Caminhar 10 metros (C10m)** – o propósito deste teste é avaliar a velocidade que o indivíduo leva para percorrer a distância de 10 metros (SIPILÄ *et al.*, 1996) (figuras 6.22 e 6.23).

Figura 6.22: C10m (fase inicial)   **Figura 6.23:** C10m (fase final)

- **Levantar-se da Posição Sentada (LPS)** – o teste visa avaliar a capacidade funcional da extremidade inferior e consiste em: o indivíduo, partindo da posição sentada em uma cadeira, sem apoio dos braços, estando o assento a uma distância do solo de 50cm, levanta-se e senta-se, cinco vezes consecutivamente (GURALNIK *et al.*, 1994) (figuras 6.24 e 6.25).

Figura 6.24: LPS (fases inicial e final)   **Figura 6.25:** LPS (fase intermediária)

- **Levantar-se da Posição Decúbito Ventral (LPDV)** – o propósito deste teste é avaliar a habilidade do indivíduo para levantar-se do chão. O teste consiste em: partindo da posição inicial em decúbito ventral com os braços ao longo do corpo, ao comando de "já", o indivíduo deve levantar-se, ficando de pé o mais rápido possível (ALEXANDER *et al.*, 1997) (figura 6.26 e 6.27).

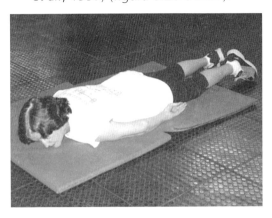 

Figura 6.26: LPDV (fase inicial)   **Figura 6.27:** LPDV (fase final)

- **Levantar-se da Cadeira e Locomover-se pela Casa (LCLC)** – o objetivo é avaliar a capacidade do idoso na sua agilidade e equilíbrio, em situações da vida. Com uma cadeira fixa no solo, deve-se demarcar dois cones diagonalmente à cadeira, a uma distância de quatro metros para trás e de três metros para os lados direito e esquerdo desta. O indivíduo inicia o teste sentado na cadeira com os pés fora do chão, e ao sinal de "já", ele se levanta, move-se para a direita, circula o cone, retorna para a cadeira, senta-se e retira ambos os pés do chão. Sem hesitar, faz o mesmo movimento para a esquerda. Imediatamente, realiza novo percurso, para a direita e para a esquerda, assim perfazendo todo o percurso e circulando cada cone duas vezes em menor tempo possível (ANDREOTTI e OKUMA, 1999) (figuras 6.28 e 6.29).

Figura 6.28: LCLC (fase inicial e final)   **Figura 6.29:** LCLC (fase intermediária)

- **Vestir e Tirar uma Camiseta (VTC)** – Este teste visa avaliar a autonomia funcional dos membros superiores, por meio da mensuração do tempo necessário para vestir e tirar uma camiseta. Este é um movimento comum ao idoso (ato de vestir-se sozinho) no seu cotidiano. O indivíduo deve estar de pé, com os braços ao longo do corpo e com uma camiseta de tamanho "G" (Hering, Brasil) em uma das mãos (no lado dominante). Ao sinal de "já", ele deve vestir a camiseta e, imediatamente, retirá-la, retornando à posição inicial. O cronômetro deve ser acionado quando o indivíduo iniciar o movimento e, paralisado, quando ele retornar a sua mão, com a camiseta, ao lado do corpo, estando o braço estendido (VALE *et al.*, 2006) (figuras 6.30, 6.31, 6.32, 6.33 e 6.34).

Figura 6.30: VTC (fase inicial)   **Figura 6.31:** VTC (fase intermediária 1)

Figura 6.32: VTC (fase intermediária 2)   **Figura 6.33:** VTC (fase intermediária 3)

Figura 6.34: VTC (fase final)

Os testes são aferidos em segundos e são executados em duas tentativas, com um intervalo mínimo de cinco minutos, em que se registra a melhor marca entre elas.

Depois de tomado os tempos dos testes, os valores devem ser colocados na fórmula a seguir para se calcular o índice geral de autonomia funcional (índice GDLAM – IG) (VALE, 2005):

$$IG = \frac{[(C10m + LPS + LPDV + VTC) \times 2] + LCLC}{4}$$

em que: C10m, LPS, LPDV, VTC e LCLC = tempo aferido em segundos; IG = índice GDLAM em escores.

O IG foi elaborado por um processo de normatização entre os cinco testes para estimar um valor em escores e estabelecer um diagnóstico geral da autonomia funcional. A consistência dos dados obtidos possibilitou estabelecer um padrão de classificação de autonomia funcional (Tabela X) utilizando-se o procedimento estatístico de Quartil conforme os tempos alcançados pela amostra (VALE, 2005).

Padrão de classificação da autonomia funcional

Testes Classif.	C10m (seg)	LPS (seg)	LPDV (seg)	VTC (seg)	LCLC (seg)	IG (escores)
Fraco	+ 7,09	+ 11,19	+ 4,40	+ 13,14	+ 43,00	+ 27,42
Regular	7,09-6,34	11,19-9,55	4,40-3,30	13,14-11,62	43,00-38,69	27,42-24,98
Bom	6,33-5,71	9,54-7,89	3,29-2,63	11,61-10,14	38,68-34,78	24,97-22,66
Muito Bom	- 5,71	- 7,89	- 2,63	- 10,14	- 34,78	- 22,66

C10m = Caminhar 10 metros; LPS = Levantar da Posição Sentada; LPDV = Levantar da Posição de Decúbito Ventral; VTC = Vestir e Tirar a Camiseta; LCLC = Levantar da Cadeira e Locomover-se pela Casa; IG = índice GDLAM em escores. Os tempos dos testes foram aferidos em segundos.

Analisando-se a tabela acima, verifica-se que a categorização dos tempos alcançados permite a classificação em categorias para cada teste individualmente e a normatização em escores do IG de autonomia, ambos em: fraco, regular, bom e muito bom.

AVALIAÇÃO POSTURAL

A postura pode ser definida como a posição que o corpo adota no espaço, bem como a relação direta de suas partes com a linha do centro de gravidade. Para que haja uma boa postura, é necessário o equilíbrio dos sistemas neurológico e musculoesquelético.

Cada ser humano apresenta características distintas de postura que podem ser influenciadas por inúmeros aspectos, tais como: anomalias congênitas e/ou adquiridas, obesidade, alimentação inadequada, atividades físicas sem orientação e/ou inadequadas, distúrbios respiratórios, desequilíbrios musculares, atonia ligamentar e doenças psicossomáticas.

Para a avaliação postural, pode-se utilizar alguns meios a fim de mensurar possíveis desvios posturais, tais como: o uso de radiografia (solicitada por médico), fotografia, uso do tato e da visão, observando no plano frontal, lateral e posterior.

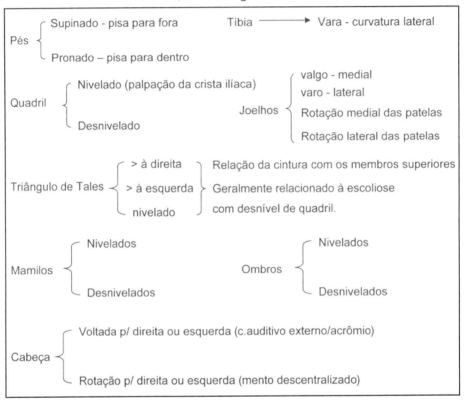

Vista Lateral (linha imaginária = maléolo lateral da fíbula)

- Pés
  - Cavo - curvatura acentuada
  - Plano: pouca curvatura (falso ou verdadeiro)
  - Equino - ponta do pé
  - calcâneo: calcanhar (+difícil)

- Joelhos
  - Anterocurvato (p/ frente do maléolo)
  - Genorecurvato (p/ trás do maléolo)

- Coluna lombar
  - Hiperlordose (lordose = curvatura fisiológica)
  - Retificada (dorso plano)

- Coluna torácica
  - Cifose
  - Retificada (dorso plano)
  - Hipercifose

- Coluna Cervical
  - Hiperlordose (lordose = curvatura fisiológica)
  - Retificada (dorso plano)

- Ombros ⟶ Aduzidos (p/ frente)

- Cabeça ⟶ Anteriorização

Vista Posterior (linha imaginária = coluna vertebral)

- Joelhos ⟶ Interlinha articular alinhada ou desalinhada

- Glúteos ⟶ Prega glútea alinhada ou desalinhada

- Escoliose
  - Cervical (coluna cervical + difícil)
  - Torácica (coluna torácica + comum)
  - Lombar (coluna lombar - desnível de quadril)
  - Toracolombar (+ comum em "S" compensada)
  - "C" - simples = côncava/convexa ou direita/esquerda

- Escápulas
  - Niveladas
  - Desniveladas
  - Aladas (direita ou esquerda)

Referências Bibliográficas

ACSM. **Manual de Pesquisa das Diretrizes do ACSM para os Testes de Esforço e sua Prescrição.** 4ª ed., Rio de janeiro: Guanabara Koogan, 2003.

AMERICAN COLLEGE OF SPORTS MEDICINE. **Position stand: progression models in resistance training for healthy adults.** Medicine & Science In Sports & Exercise, pp. 607-708, 2009

ADAMS, G. M. **Exercise Physiology – Laboratory Manual.** 1994, 2ª ed., Brown e Benchmark.

ALEXANDER, N. B.; ULBRICH, J.; RAHEJA, A.; CHANNER D. **Rising from the floors in older adults.** J Am Geriatr Soc, v. 45, nº 5, pp. 564-569, 1997.

ALLSEN, P. E., HARRISON, J. M. & VANCE, B. **Exercício e qualidade de vida: uma abordagem personalizada,** 6ª ed., Manole, 2001.

ANDREOTTI, R. A.; OKUMA, S. S. **Validação de uma bateria de testes de atividades da vida diária para idosos fisicamente independentes.** Rev. Paul. Educ. Fís., v. 13, nº 1, pp. 46-66, 1999.

CARNAVAL, P. E. **Medidas e Avaliação em Ciências do Esporte,** 4ª ed., Sprint, 2000.

CARTER, J. E. L.; ROSS, W. D.; CARR, R. V. **Anthropometry Illustrated: A browser based interactive textbook and learning system.** Turnpike Electronic Publications Inc, 1999.

COSTA, Roberto F. **Composição Corporal: teoria e prática da avaliação.** São Paulo: Manole, 2001.

CARVALHO, A. **Capacidades Motoras V: as capacidades coordenativas.** Direção geral dos esportes. Setembro, 23-27, 1998.

DANTAS, E. H. M.; VALE, R. G. S. **Protocolo GDLAM de avaliação da autonomia.** Fitness e Performance Journal, v. 3, nº 3, pp. 169-180, 2004.

FARINATTI, P. T. e MONTEIRO, W. D. **Fisiologia e Avaliação Funcional,** 1992, Sprint.

FERNANDES FILHO, José. **A Prática da Avaliação Física.** 2ª ed., Rio de Janeiro: Shape, 2003.

FERREIRA, C. A. A. & FRADE, R. D. **Avaliação morfológica para o ciclismo indoor.** In: Mello, D. Ciclismos Indoor, 1ª ed., Rio de Janeiro: Sprint, 2004.

Fleck, S. J. & Kraemer, W. J. **Fundamentos do treinamento de força muscular.** Porto Alegre: Ed. ArtMed, 2006.

FLECK, S. J.; KRAEMER, W. J. **Designing ResistanceTraining Programs.** Human Kinetics. 2004.

GURALNIK, J. M.*et al.* **A short physical performance battery assessing lower extremity function: association with self-reported disability and prediction of mortality and nursing home admission.** J Gerontol Med Sci, v. 49, nº 2, pp. M85-M94, 1994.

GUEDES, D. P. & GUEDES, J. E. R. P. **Controle do peso corporal: composição corporal atividade física e nutrição.** 2ª ed., Rio de Janeiro, Shape, 2003.

HEATH, B. H. & CARTER, J. E. L. **A modified somatotype method.** Am J Phys Anthrop 27: 57-74, 1967.

HEYWARD, V. H.; STOLARCZYK, L. M. **Avaliação da Composição Corporal Aplicada.** São Paulo: Manole, 2000.

ISAK **International Standards for Anthpometric Assessment**. First printed *in* 2001. Revised 2006. Published in Australia, 2006.

JACKSON, A. S., POLLOCK, M. L. **Generalized equations for predicting body density.** Med. Sci. Sports Exerc. 12: 175-182, 1980.

JOHNSON, B. L. & NELSON, J. K. **Practical Measurements for Evaluation in Physical Education**, 1979, Burgess Publishing Company.

Kraemer, W. J. & Ratamess, N. A. **Fundamentals of resistance training: progression and exercise prescription.** Medicine & Science in Sports & Exercise, v. 36, pp. 674-688, 2004

MARINS, J. C. B. e GIANNICHI, R. S. **Avaliação e Prescrição de atividade física – Guia Prático**, Shape, 1996.

MARINS, J. C. B.; GIANNICHI, R. S. **Avaliação e Prescrição de Atividade Física: Guia Prático**. 2ª ed., Rio de Janeiro: Shape, 1998.

MATHEWS, Donald K. **Medida e Avaliação em Educação Física**. 5ª ed. Rio de Janeiro: Interamericana, 1978.

MATSUDO, S. M. M. **Avaliação do Idoso: física e funcional**. Londrina, Midiograf, 2000.

MATSUDO, V. K. **Testes em Ciências do Esporte**, 1983, CELAFISC.

MATSUDO, V. K. R. CD-ROM **Testes em Ciências do Esporte**.

MORROW JR, J. R. *et al.* **Medida e Avaliação do Desempenho Humano.** 2ª ed., Porto Alegre: Artmed, 2003.

NETO, C. A. F. *et al.* **Análise do comportamento motor: estudo de motricidade infantil**. Lisboa: Instituto Superior de Educação física. Centro de Documentação e Informação, 1982.

NOVAES J. S. **Ciência do treinamento dos Exercícios Resistivos.** 1ª ed., São Paulo Phorte, 2008.

POLLOCK, M. L.; WILMORE, J. H. **Exercícios na Saúde e na Doença: avaliação e prescrição para prevenção e reabilitação**. 2ª ed., Rio de Janeiro: Medsi, 1993.

PRADO, M. S. S., MAGALHÃES, L. C. & WILSON, B. N. **Cross-cultural adaptation of the Developmental Coordination Disorder Questionnaire for Brazilian children.** Rev. Bras. Fisioter., 2009, v. 13, nº 3, pp. 236-243.

SHELDON, W. H., TUCKER W. B. & STEVENS S. S. **The Varieties of Human Physique**. New York: Harper and Row, 1940.

SIPILÄ, S. *et al.* **Effects of strength and endurance training on isometric muscle strength and walking speed in elderly women.** Acta Physiol Scand, v. 156, pp. 457-464, 1996.

TRITSCHLER, Kathleen. **Medida e Avaliação em Educação Física e Esportes**. Barrow & McGee. 5ª ed., São Paulo: Manole, 2003.

TUBINO, M. J. G. **Metodologia científica do treinamento desportivo**. São Paulo: Ibrasa, 1994.

VALE, R. G. S. **Avaliação da autonomia funcional**. Fitness e Performance Journal, v. 4, n. 1, p. 4, 2005.

VALE, R. G. S. *et al.* **Teste de autonomia funcional: Vestir e Tirar uma Camiseta (VTC)**. R. Bras. Cienc. Mov., v. 14, nº 3, pp. 71-78, 2006.

WEINECK, J. **Manual do treinamento esportivo.** São Paulo: Manole, 1989.

WILMORE, Jack H.; COSTILL, Davis L. **Fisiologia do Esporte e do Exercício**. 2ªed., São Paulo: Manole, 2001.

7. TREINAMENTO DE FORÇA EM CARDIOPATAS

Oswaldo D. Leite Jr.
Monique Serapicos
Rodolfo Alkmim Moreira Nunes

Encontram-se referências de atividade física e de doenças cardiovasculares desde o século XIX; os primeiro estudos que relacionam os efeitos da atividade física sobre o sistema cardiovascular foram relatados pouco antes da década de 30 (GODOY *et al.*, 1997).

A evolução do Infarto Agudo do Miocárdio (IAM) era considerada irreversível, os pacientes eram orientados ao afastamento prolongado de suas atividades de trabalho e à aposentadoria precoce, provocando um sentimento de invalidez com importante reflexo na vida familiar e social (GODOY *et al.*, 1997).

A partir de experiências adquiridas em centros de reabilitação nos Estados Unidos e na Europa, é criado, em 1944, um centro com o objetivo de orientar o trabalhador com problemas cardiovasculares, para o tipo de atividade laborativa que pudesse ser desempenhada com segurança. E em 1950, em Cleveland (EUA), foi criada uma segunda unidade, que demonstrou resultados expressivos, uma vez que 85% – 90% dos portadores de cardiopatia retornaram a uma série de ocupações. Foram então publicados vários estudos epidemiológicos relacionando a atividade física laborativa com a diminuição da incidência do IAM (MORRIS, HEADY, RAFFLE 1953, PAFFENBARGER, HALE, 1975 *apud* GODOY *et al.*, 1997).

Já entre as décadas de 60 e 70, Saltin *et al.* (1968) e Godoy *et al.* (1997) mostraram que a imobilização no leito hospitalar durante três semanas reduzia a capacidade funcional em 20% a 30%, sendo necessárias nove semanas de treinamento físico para o retorno à capacidade física prévia ao evento. Métodos científicos foram criados para a prescrição de exercícios e surgiram numerosos programas supervisionados, a partir da constatação de que o paciente com insuficiência coronária poderia melhorar, de forma segura, a capacidade aeróbia, a função cardiovascular e a qualidade de vida.

Em 1981, Franciosa *et al.* (1981) e Godoy *et al.* (1997) descreveram a modificação promovida pela atividade física ocorrida, predominantemente, ao nível periférico e passaram a estimular o treinamento físico em pacientes com insuficiência cardíaca crônica, objetivando-se a melhoria da classe funcional.

Porém, as doenças cardíacas estão ligadas à idade como um dos principais fatores de risco.

Em 1997, a Organização Mundial da Saúde publicou o Relatório Mundial sobre Saúde, documento esse que abordava o aumento da população idosa pelo mundo. Estima-se uma projeção para 2020 em que o número de idosos chegue a 690 milhões. Nos países desenvolvidos, ocorre hoje um fenômeno que para cada nascimento há 2 idosos acima de 65 anos, essa proporção em 2020 passará de um para quatro.

A OMS (1997) também relata outro dado interessante neste aspecto. Em 2025, mais de 60% de todas as mortes no mundo ocorrerão entre pessoas de 65 anos ou mais, e em pessoas com 75 anos ou mais corresponderão a 40% das mortes.

Com isso, verificamos que o aumento na expectativa de vida deve-se ao êxito da saúde pública, mediante aos mecanismos de cura e de prevenção, modificando o ponto de mortalidade, que era considerado pelas doenças transmissíveis, hoje o maior coeficiente são as doenças cardiovasculares, responsáveis por quase 1/3 das mortes no Brasil (DATASUS, 2004).

O Ministério da Saúde publicou dados que relatavam que nas capitais brasileiras houve uma redução no coeficiente de mortalidade em quase dez vezes no período de 1940 a 1980 nas doenças infectocontagiosas, enquanto o coeficiente de mortalidade das neoplasias e doenças do aparelho cardiovascular manteve-se inalterado. Observando nove anos depois um aumento deste coeficiente.

Em estudo realizado no Canadá foi verificado uma elevação de 21% para 34% na taxa de mortalidade para pelo menos mais 5 anos, devido a um serviço de reabilitação cardíaca, o estudo também relatou maior eficiência no trabalho a longo prazo (STUKEL e ALTER, 2009).

Em estudo realizado por Azambuja *et al.* (2008) foi relatado o elevado custo econômico das doenças cardiovasculares graves, custo esse dividido pelo sistema público de saúde, pelo sistema privado, pelo seguro social e pelos empregadores em forma de perda de produtividade, reembolsos e licenças.

Estima-se neste estudo que o custo anual foi de 30,5 bilhões de reais, para um total de 2 milhões de casos representado por 5,2% da população acima de 35 anos.

Os exercícios de contrarresistência, quando orientados, prescritos e supervisionados por profissionais qualificados, representam uma modalidade de exercícios segura e que apresenta grandes benefícios para seus praticantes. A seleção dos pacientes para inclusão neste programa de exercícios vai depender de uma análise minuciosa do tipo de cardiopatia apresentada, controle desta no momento, estado geral, capacidade física e presença de comorbidades (LIBERMAN et al., 2005).

Com isso, citaremos as mais diversas evoluções de variáveis associadas à função neuromuscular com a idade.

Redução do número de fibras musculares, motoneurônio de alto limiar (mielinizados), da proporção de fibras do tipo II em relação às do tipo I, da área de seção transversa dos músculos, da velocidade de contração das fibras, da endurance muscular, da capacidade enzimática muscular (sobretudo anaeróbica), da capacidade de mobilização das fibras de alta frequência, aumento da proporção de fibras mistas (WILMORE e COSTILL, 2001).

A proporção de fibras seria praticamente constante durante toda a vida – com isso, as perdas não seriam seletivas, mas ligadas a todos os tipos de fibra. Nesse caso, a diminuição da força teria causas mais quantitativas que qualitativas. (FIATARONE et al., 1990).

Devido ao desuso, haveria uma conversão progressiva das fibras rápidas em lentas, ou ao menos da expressão das cadeias de miosina pesada das fibras rápidas, o que daria a impressão da existência de uma perda seletiva das primeiras ou, em última análise, de um menor potencial de velocidade na contração (AOYAGI e SHEPHARD, 1992 apud FARINATTI, 2008).

Durante o envelhecimento, ocorrem diversas alterações fisiológicas que prejudicam a *performance* do indivíduo, uma das características mais marcantes é o declínio gradual da capacidade de desempenho da força muscular. (FARINATTI e MONTEIRO, 1999). Esse fenômeno é uma das principais causas da perda da autonomia de ação em idosos (FIATARONE, 1990).

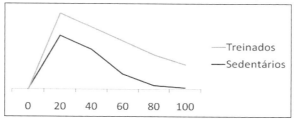

Este gráfico adaptado de Fleck e Kramer, 1999, nos mostra as diferenças entre os níveis de força muscular em indivíduos durante a idade.

Em 1990, o *American College of Sports Medicine* (ACSM) incluiu o treinamento de força como um importante componente nos programas de exercício físico (POLLOCK *et al.*, 2000). O posicionamento de exercícios para pacientes com doença arterial coronariana do ACSM (1994) define a frequência, duração, tipo de atividade a ser realizada, intensidade, bem como a progressão dos exercícios. Inicialmente, é apresentado como indispensável a avaliação médica para a classificação do paciente e posterior determinação do programa de treinamento, levando em consideração os fatores de risco apresentados por este (ACSM, 1994). O *American Heart Association* (AHA) apresenta a distribuição dos indivíduos em classes – A, B, C, D – com as suas respectivas limitações (BJARNASON-WEHRENS *et al.*, 2004).

O *American Heart Association* (AHA) define em seu posicionamento que sejam realizados de 8 a 10 exercícios, 2 a 3 vezes por semana, de 1 a 2 séries de 10 a 15 repetições, ao passo que o *American Association of Cardiovascular and Pulmonary Rehabilitation* (AACPR) diferencia apenas a quantidade de repetições de 8 a 12 para indivíduos saudáveis abaixo de 60 anos e 10 a 15 para aqueles com 60 anos ou mais saudáveis ou pacientes cardíacos (LAFONTAINE, 2003; POLLOCK *et al.*, 2000). A explicação do aumento do número de repetições e redução da intensidade ocorre como tentativa de prevenir lesões musculoesqueléticas em pacientes mais velhos e frágeis (POLLOCK *et al.*, 2000). Inicialmente, são recomendadas intensidades moderadas de 40 a 60% de 1-RM, com possível progressão até 80% de 1-RM de acordo com o objetivo e necessidade do paciente (LAFONTAINE, 2003). Uma revisão de literatura realizada por Pollock *et al.* (2000) mostrou que o treinamento de força em circuito, já citado pelo posicionamento do ACSM como forma comumente utilizada, intercalando membros superiores com inferiores e respeitando curtos intervalos de 15 a 30 segundos, teve ganhos significativos de força e resistência tanto para 80% de 1-RM quanto para 30-40% em cardiopatas.

O ACSM (1994) recomenda que sejam realizados de 10 a 12 exercícios, no mínimo 3 vezes por semana, preferencialmente alternadas, considerando ainda que alguns pacientes optam por se exercitar diariamente, de 10 a 12 repetições, com intensidade que permita uma execução confortável e progressão gradual.

O treinamento de força utilizado geralmente para a reabilitação cardíaca utiliza de 8 a 12 exercícios, com 2 a 3 séries de 6 a 12 repetições, havendo ainda sessões que realizam de 6 a 8 repetições por série com intervalos de 10 a 30 segundos (ARAÚJO, 2004). Uma vez que a resposta pressórica mostra uma tendência de aumento a cada repetição, deste modo, são reduzidos os níveis pressóricos máximos durante a execução do exercício.

As recomendações ressaltam ainda que os pacientes devem ser orientados em relação à forma de execução correta e amplitude de movimento requisitada no exercício, bem como ao padrão de respiração correto, ou seja, inspirar na fase concêntrica e expirar na excêntrica, bem como evitar a manobra de Valsalva (BJARNASON-WEHRENS *et al.*, 2004; POLLOCK *et al.*, 2000). Os exercícios de RML (Resistência Muscular Localizada) são importantes e precisam ser incluídos nas sessões do programa de condicionamento físico visando à saúde e qualidade de vida. Os músculos responsáveis pela locomoção (membros inferiores), postura, respiração e proteção das vísceras (tronco) e tarefas básicas profissionais e atividades de lazer (membros superiores e inferiores) devem ser estimulados com exercícios específicos e bem dosados.

As adaptações fisiológicas da musculatura esquelética e do coração em consequência do treinamento de RML dependem das seguintes condições: exercícios dinâmicos (isotônicos); cargas submáximas (pouco peso); número de séries (mínimo três para cada exercício); número de repetições (mínimo 15 para cada exercício); duração dos intervalos entre cada série (30 a 40s) (CARVALHO *et al.*, 2006).

Os indivíduos sedentários e os portadores de doenças cardiovasculares são encorajados a praticar os exercícios de RML sem apneia, com respiração cadenciada e em ritmo moderado para preservar as articulações. O treinamento mais usado de RML é o treinamento em circuito que é caracterizado pela distribuição dos exercícios em estações e que pode ser desenvolvido com pesos livres e com aparelhos e pode ser aplicado em carga e tempo fixos. Na reabilitação cardíaca e no treinamento de sedentários é recomendável o circuito de tempo fixo, com duração mínima de 30s para cada estação e cargas (pesos) leves, porque não aumenta muito a PA (Pressão Arterial), melhora a capilarização, aumenta a eficiência do metabolismo aeróbio e a coordenação neuromuscular (MORAES *et al.*, 2005).

A aplicação do treinamento em circuito para desenvolvimento da RML, na reabilitação cardíaca, deve respeitar as condições, para escolha correta dos exercícios, considerando-se os seguintes aspectos: a) grupos musculares solicitados; b) grau de dificuldade de execução; c) eventuais problemas ortopédicos que possam comprometer a execução; d) número de estações do circuito composto de no mínimo 12 e no máximo 14 estações, que correspondem à utilização de 15 a 20min de uma sessão de condicionamento físico; e) tempo de permanência de cada estação ser de no mínimo 30s para permitir 15 repetições cadenciadas de cada exercício; f) duração dos intervalos entre cada estação no mínimo 30s para permitir a recuperação da musculatura solicitada; g) ordem dos exercícios nas estações distribuída alternando os grupos musculares solicitados para evitar fadiga, lesões musculares e articulares; h) cuidados necessários para orientar a técnica correta da atividade respiratória de execução de cada exercício; i) individualização das cargas de treinamento. Cada circuito necessita ser mantido por período mínimo de oito sessões de condicionamento físico, para facilitar o aprendizado e o aperfeiçoamento da técnica de execução. Períodos muito prolongados de execução do mesmo circuito provocam falta de motivação e prejudicam os resultados pretendidos com o treinamento (GODOY *et al.*, 1997).

ALTERAÇÕES HEMODINÂMICAS DURANTE O TREINAMENTO RESISTIDO

Conforme a intensidade do esforço realizado, as respostas hemodinâmicas durante o exercício resistido podem se assemelhar àquelas ocorridas em contrações dinâmicas ou isométricas (estáticas). Portanto, em esforços realizados com cargas leves verificam-se aumento da frequência cardíaca (FC), pressão arterial sistólica (PAS), volume sistólico e débito cardíaco (DC), ao passo que, quando da utilização de cargas altas, se observa também aumento na pressão arterial diastólica (PAD). Durante o exercício resistido, maiores valores de FC e PA são obtidos nas últimas repetições de séries realizadas até a fadiga, as quais têm sido contraindicadas como prescrição no trabalho de força com hipertensos (PIEGAS *et al.*, 2004; UMPIERRE e STEIN, 2007). Além disso, dentre outros fatores que influenciam o comportamento pressórico, tanto Piegas *et al.*, quanto Umpierre e Stein (2007) observaram respostas aumentadas quanto maior for a massa muscular envolvida no exercício.

Em cardiopatas com disfunção ventricular esquerda, durante a realização de testes de força e séries em diferentes intensidades, verificou-se aumento de novas anormalidades segmentares da parede do ventrículo esquerdo, as quais ocorreram em maior proporção durante a série final após protocolo de intensidades crescentes (três séries com cargas progressivas). Entretanto, as magnitudes desses achados foram pequenas e, mesmo que possam refletir algum grau de isquemia durante o esforço, não sugerem redução do desempenho cardíaco (CÉSAR *et al.*, 2006).

O comportamento típico de aumento da resistência vascular sistêmica promovido pela contração isométrica pura, muitas vezes, não é desejado para indivíduos cardiopatas. Entretanto, ao contrário do que ocorre na contração isométrica, a resistência vascular dos cardiopatas parece não se elevar durante a realização das séries de exercício resistido (PIEGAS *et al.*, 2004; UMPIERRE e STEIN, 2007).

CONTRAINDICAÇÕES PARA OS EXERCÍCIOS DE CONTRARRESISTÊNCIA
Angina do Peito Instável
Doença Orovalvar grave ou sintomática (estenótica ou regurgitante)
Sinais de Insuficiência Cardíaca, nos pacientes em classe funcional IV
Arritmias refratárias à terapêutica
Pressão arterial sistólica > 160mmHg e diastólica > 100mmHg
Cardiomiopatia hipertrófica

Fonte: Liberman *et al.*, 2005.

Segue exemplo de ficha para treinamento na Musculação:

No campo nome do cliente pode estar presente a forma que o cliente prefere ser chamado. (sobrenome ou apelido)

As cargas devem ser alteradas periodicamente respeitando o princípio da individualidade biológica.

As patologias podem aparecer abreviadas, porém, toda a equipe deve ser treinada para identificá-las.

Nome: Sr. XYZ
Condição clínica: DAC + IAM (Jul/05) + Aorta (infrarrenal)
Início do PES: 10/10/2005

Nº	Exercício	Regulagem	Série		Repetições		Carga 1
1	Cadeira extensora	25P 2F	2		8		15
2	Cadeira flexora						
3	Flexão plantar no aparelho						
4	Cadeira abdutora		2		8		20
5	Cadeira adutora		2		8		
6	Flexão Plantar Step		2		8		Bil
7	Dorsi Flexão						
8	Remada Sentado						
9	Extensão de cotovelo		2		8		1,5
10	Flexão de cotovelo	2+2	2		8		4
11	Crucifixo Dorsal						
12	Crucifixo peitoral						
13	Andar na linha + equilíbrio		2		8		0
14	Step ("escada")		2		8		0

Os ajustes e regulagens de cada exercício devem estar identificados com clareza.

Data	28/11/2008

Deve sempre haver o campo "Observações".

Observações:

A cada troca de carga deve ser registrado a data e o volume de treinamento.

ESQUEMA DE VOLUME DE TREINO									
DATA	26/06/08								
VOLUME	41472								

* VOLUME = série * repetição * carga

REFERÊNCIAS BIBLIOGRÁFICAS

ACSM. **Exercise for Patients With Coronary Artery Disease.** Med. Sci. Sports Exerc. v. 26, n° 3, pp. i-v, 1994.

ARAÚJO, C. *et al.* **Normatização dos Equipamentos e Técnicas de Reabilitação Cardiovascular Supervisionada.** Arquivos Brasileiros de Cardiologia, v. 83, n° 5, pp. 448-452, 2004.

AZAMBUJA, M. *et al.* **Impacto Econômico dos Casos de Doença Cardiovascular Grave no Brasil: uma estimativa baseada em dados secundários.** Arquivos Brasileiros de Cardiologia, v. 91, n° 3, pp. 163-171,2008.

BJARNASON-WEHRENS, B. *et al.* **Recommendations for Resistance Exercise in Cardiac Rehabilitation.** Eur J of Cardiovasc Prev Rehabil. v. 11, pp. 352-361, 2004.

BENIAMINI, Y. *et al.* **Effects of High-Intensity Strength Training on Quality-of-Life Parameters in Cardiac Rehabilitation Patients.** The American Journal of Cardiology, v. 80, n° 77, pp.841-6, 1997.

CARVALHO, T. *et al.* **Diretriz de Reabilitação Cardiopulmonar e Metabólica: aspectos práticos e responsabilidades.** Arquivos Brasileiros de Cardiologia. v. 86, n° 1, pp. 74-82, 2006.

CESAR, M. *et al.* **Respostas Cardiopulmonares ao Exercício em Pacientes com Insuficiência Cardíaca Congestiva de Diferentes Faixas Etárias.** Arquivos Brasileiros de Cardiologia, v. 86, n° 1, pp. 14-8, 2006.

DATASUS, 2004. Disponível em: *<http://www.datasus.gov.br>*. Acesso em: 15/02/2004.

FARINATTI, P.; MONTEIRO, W. **Fisiologia do Exercício**. *In*: Faria Junior, A. G. *et al.* [Eds.]. Uma introdução à Educação Física. Rio de Janeiro: Corpus, 1999: 47-98.

FARINATTI, P.; VERAS, P. **Envelhecimento: promoção da saúde e exercício**. 2° ed., São Paulo: Manole, 2008.

FIATARONE, M. *et al.* **High intensity strength training in nonagenarians.** Jama, v. 263, pp. 3029-34, 1990.

FLECK, S; KRAEMER, W. **Fundamentos do Treinamento de Força Muscular.** 3ª ed., São Paulo: Artmed, 2004.

GODOY, M. *et al.* **Sociedade Brasileira de Cardiologia. I Consenso Nacional de Reabilitação Cardiovascular.** Arquivos Brasileiros de Cardiologia, v. 69, n° 4, pp. 267-291, 1997.

LAFONTAINE, T. **Resistance Exercise for Persons With Coronary Heart Disease.** Strength and Conditioning Journal, v. 25, n° 5, pp. 17-21, 2003.

LIBERMAN, A. *et al.* **Diagnóstico e Tratamento em Cardiologia Geriátrica**. 1ª ed., São Paulo: Manole, 2005.

MORAES, R. *et al.* **Diretriz de Reabilitação Cardíaca.** Arquivos Brasileiros de Cardiologia, v. 84, n° 5, pp. 431-40, 2005.

Organização Mundial de Saúde (OMS). **The World Health Report** 1997. Disponível em: *<http://www.omsinternational.org>*. Acesso em: 24/10/2007.

PIEGAS, L. *et al.* **III Diretriz sobre Tratamento do Infarto Agudo do Miocárdio.** Arquivos Brasileiros de Cardiologia, v. 83, n° 4, pp. 8-86, 2004.

POLLOCK, W. *et al.* **Resistance Exercise in Individuals With and Without Cardiovascular Disease: benefits, rationale, safety, and prescription.** Circulation, v. 101, pp. 828-833, 2000.

SILVA, M. *et al.* **Treinamento físico no tratamento da insuficiência cardíaca.** Arquivos Brasileiros de Cardiologia, v. 79, pp. 351-6, 2002.

STUKEL, T; ALTER, D. **Analysis Methods for Observational Studies Effects of Cardiac Rehabilitation on Mortality of Coronary Patients.** Journal of the American College of Cardiology, v. 54; n° 1, pp. 34-35, 2009.

UMPIERRE, D.; STEIN, R. **Hemodynamic and Vascular Effects of Resistance Training: implications for Cardiovascular Disease.** Arquivos Brasileiros de Cardiologia, v. 89, n° 4, pp. 233-9, 2005.

WILMORE, J.; COSTILL, D. **Fisiologia do Esporte e do Exercício**. 2ª ed., São Paulo: Manole, 2001.

8. MECANOTERAPIA E EQUILÍBRIO POSTURAL NA REABILITAÇÃO

Daniel Marques
André Monteiro
Worms Bastos
Rodolfo Alkmim Moreira Nunes

OBJETIVOS DA REABILITAÇÃO

Criar um programa de reabilitação é relativamente simples se o profissional aborda, rotineiramente, diversos componentes básicos. Esses componentes também podem ser considerados como objetivos em curto prazo de um programa de reabilitação. Esses objetivos incluem desde prestar os primeiros socorros, quando possível, passando pelo ganho de amplitude articular, até chegar ao processo de retomada das atividades funcionais com fortalecimento muscular e estabilidade articular. O objetivo a longo prazo é o retorno à atividade diária ou profissional no período mais curto, porém, com maior segurança possível (PRENTICE, 2002).

A grande dificuldade no trabalho de reabilitação está na quantificação do exercício ou técnica aplicada, a fim de saber exatamente quando e como avançar, modificar ou alterar o programa de reabilitação respeitando os objetivos de curto e longo prazo.

AMPLITUDE DE MOVIMENTO

Após uma lesão na articulação, seja ela traumática ou degenerativa, sempre há alguma diminuição da amplitude de movimento associada, que pode ser atribuída à resistência da unidade musculotendinosa ao alongamento, à contratura dos tecidos conectivos ou de ambos.

A avaliação da amplitude de movimento não constitui apenas medida da função, mas também parte importante da análise biomecânica. A amplitude de movimento é avaliada de acordo com três tipos de função: movimento passivo, movimento ativo e movimento contrarresistência (CIPRIANO, 2005).

No movimento passivo, o examinador movimenta a parte do corpo do paciente sem sua ajuda. Isso pode fornecer uma quantidade significativa de informações sobre a patologia subjacente. O objetivo obviamente depende da articulação que está sendo testada e da suspeita de patologia ou lesão (PRENTICE, 2002).

A amplitude de movimento ativo avalia a função física de uma parte do corpo. Esse tipo de amplitude proporciona informações relativas à capacidade geral e à disposição do paciente ao usar essa parte. Se o paciente for solicitado a movimentar determinada articulação através de um arco completo e não conseguir, é impossível saber se a perda da função é causada por dor, fraqueza motivada por disfunção motora neurológica, rigidez ou falta de disposição consciente do paciente para realizar a função completa. Portanto, o valor da avaliação da amplitude de movimento ativa em si e por si mesma é vaga e limitada. Ao avaliar a amplitude de movimento ativo, observe o grau de movimento no plano testado, bem como qualquer dor associada ao movimento (CIPRIANO, 2005).

Sendo assim, a amplitude de movimento com resistência é útil para avaliar estruturas musculotendinosas e neurológicas.

FORÇA, RESISTÊNCIA E POTÊNCIA MUSCULAR ATRAVÉS DE EXERCÍCIOS ISOMÉTRICOS CONCÊNTRICOS E EXCÊNTRICOS

Força, resistência e potência muscular estão sempre entre os fatores mais importantes na restauração da função de uma parte do corpo à sua condição pré-lesado. Devemos ter cuidado, durante o programa de reabilitação, em realizar os exercícios de forma estável e indolor alcançando o ponto mais próximo da amplitude total de movimento permitida pelo paciente (PIZZATO *et al.*, 2007).

O exercício isométrico envolve a contração muscular em que o comprimento do músculo permanece constante, enquanto a tensão se desenvolve em direção à força máxima contra a resistência imóvel. Os exercícios isométricos são capazes de aumentar a força muscular, entretanto, os ganhos de força são relativamente específicos à posição articular em que o treinamento é realizado. Em outros ângulos, a curva de força cai dramaticamente em virtude da falta de atividade motora naquela posição.

Outra grande desvantagem dos exercícios isométricos é que eles tendem a produzir um aumento na pressão sistólica do sangue, que pode resultar em acidentes cardiovasculares com potencial risco de vida. Esse aumento agudo na pressão sistólica do sangue é decorrente da manobra de Valsava, que aumenta a pressão intratorácica. Para evitar ou minimizar esse efeito, recomenda-se que a expiração seja realizada durante a contração máxima (PRENTICE, 2002).

O uso de exercícios isométricos na reabilitação de lesões é muito frequente. Eles são comumente utilizados na fase inicial da reabilitação, quando a articulação é imobilizada por um curto período de tempo. São úteis quando o treinamento de força por meio da amplitude de movimento pode piorar a lesão. Eles aumentam a força estática e ajudam a diminuir a atrofia. Os exercícios isométricos também auxiliam na diminuição do edema pelo mecanismo de "bomba muscular" (CIPRIANO, 2002).

A segunda técnica de treinamento de força é talvez a mais utilizada e a mais popular entre os fisioterapeutas para melhorar a força muscular no programa de reabilitação. O treinamento com exercícios resistidos progressivos usa exercícios que fortalecem os músculos por meio de contrações concêntricas e/ou excêntricas.

Ao realizar a flexão de cotovelo para levantar um peso, o bíceps precisa contrair e encurtar. Essa contração que gera a diminuição do comprimento do músculo é denominada contração concêntrica. Caso o bíceps não permanecesse contraído quando o peso fosse abaixado, a gravidade simplesmente faria com que esse peso voltasse à posição inicial. Portanto, para controlar o peso quando é abaixado, o bíceps precisa continuar a contrair ao mesmo tempo em que alonga gradativamente. A contração que leva ao aumento do comprimento do músculo enquanto a força ainda está sendo aplicada é denominada contração excêntrica (PRENTICE, 2002).

É possível gerar mais força contrarresistência com a contração excêntrica do que com a contração concêntrica, porque a primeira requer um nível bem mais baixo de atividade das unidades motoras para alcançar uma determinada força do que a segunda. Como menos unidades motoras estão disparando para produzir uma força específica, unidades motoras adicionais podem ser recrutadas a fim de aumentar a força. Além disso, o uso de oxigênio é bem menor no exercício excêntrico do que no concêntrico correspondente.

Portanto, as contrações excêntricas são mais resistentes à fadiga do que as contrações concêntricas. A eficiência mecânica do exercício excêntrico pode ser várias vezes maior do que no exercício concêntrico.

Caracteristicamente, o exercício resistido progressivo concentra-se essencialmente no componente concêntrico, sem dar atenção ao componente excêntrico. O uso de contrações excêntricas, em especial na reabilitação de várias lesões, tem sido consideravelmente enfatizado nos últimos anos. Essas contrações são possíveis de serem realizadas com todos os pesos livres e na maioria dos aparelhos de musculação (PRENTICE, 2002).

No exercício resistido progressivo é essencial incorporar ambas as contrações, excêntrica e concêntrica. Pesquisas demonstram claramente que o músculo deve ser fadigado nas duas contrações para que ocorra ganho máximo de força.

TREINAMENTO EM CADEIA CINÉTICA ABERTA E FECHADA

O conceito de cadeia cinética foi proposto, primeiramente, na década de 70 por engenheiros mecânicos. Nesse sistema de ligação, as articulações conectam uma série de segmentos rígidos sobrepostos. Caso as duas extremidades desse sistema estejam ligadas a uma estrutura imóvel, não há movimento na extremidade distal nem proximal. Porém, quando um segmento distal na extremidade (ou seja, pé ou a mão) encontra resistência ou está fixo, os padrões de recrutamento muscular e os movimentos articulares são diferentes do que quando o segmento distal move-se livremente (PIZZATO *et al.*, 2007).

JOELHO E MECANOTERAPIA

A articulação do joelho suporta o peso do corpo e transmite as forças provenientes do solo ao mesmo tempo em que permite uma grande quantidade de movimento entre o fêmur e a tíbia. Na posição estendida, a articulação do joelho fica estável devido ao alinhamento vertical, a congruência às superfícies articulares e ao efeito da gravidade sobre a articulação. Em qualquer posição fletida, a articulação do joelho fica móvel e requer estabilização especial da potente cápsula, ligamento e músculos que a cercam (HAMILL, 2008).

A estabilidade funcional da articulação deriva da restrição passiva dos ligamentos, da geometria articular, dos músculos ativos e das forças compressivas que empurram um osso contra o outro. A articulação fica vulnerável em caso de lesão por causa das demandas mecânicas que são colocadas sobre elas e devido à dependência dos tecidos moles para seu suporte.

A síndrome da dor femoropatelar é uma afecção comum na prática clínica, acometendo principalmente atletas e adultos jovens. Sua etiologia permanece desconhecida; entretanto, o desequilíbrio das forças entre os músculos vasto medial oblíquo e vasto lateral, principais estabilizadores dinâmicos da patela, é considerado fator preponderante no surgimento dos sintomas. Esse desequilíbrio altera a cinemática patelar e contribui para o aumento das forças de reação e compressão femoropatelares (FEHR *et al.*, 2006).

A lesão do ligamento cruzado anterior (LCA) é uma das mais comuns e sérias lesões durante a realização de atividades físicas. Com a ruptura do LCA ocorre uma instabilidade na articulação do joelho com uma excessiva rotação interna e translação anterior da tíbia, principalmente nos últimos graus de extensão, causando limitações nas atividades de vida diária e esportiva desses indivíduos. A fim de compensar a perda da estabilidade torna-se essencial o papel da musculatura periarticular, uma vez que a estabilidade articular do joelho depende da combinação entre tensão ligamentar, congruência entre as superfícies articulares e contração da musculatura periarticular (PIZZATO *et al.*, 2007).

As principais alterações funcionais em indivíduos com lesão do LCA são a perda da força e a redução do padrão de atividade voluntária muscular, sendo estas alterações mais evidentes no músculo quadríceps da coxa (QC). Quando o LCA é rompido, a lesão afeta não só a estabilidade ligamentar como também a *performance* neuromuscular, com consequente fraqueza do músculo QC devido à perda de mecanoceptores nele localizados. Esta ausência dos receptores suprime o recrutamento das unidades motoras durante a contração voluntária e este bloqueio da aferência sensorial resulta na inativação da musculatura periarticular (PIZZATO *et al.*, 2007).

O objetivo dos protocolos de reabilitação são a restauração da força muscular, restabelecimento da mobilidade articular, normalização do controle neuromuscular e retorno aos esportes com níveis similares aos dos períodos prévios à lesão.

Durante muitos anos, fisioterapeutas dedicados à reabilitação de atletas utilizaram os exercícios em cadeia cinética aberta (CCA), no qual os movimentos são desenvolvidos com o segmento distal livre, para o fortalecimento da extremidade inferior. Todavia, uma melhor compreensão da cinesiologia e da biomecânica proporcionou a atual aplicação dos exercícios em cadeia cinética fechada (CCF), os quais foram incorporados aos protocolos de reabilitação, principalmente, da articulação do joelho. Este tipo de exercício envolve movimentos multiarticulares executados com a extremidade distal fixa (FEHR *et al.*, 2006).

Com a finalidade de recuperar o equilíbrio e função dos músculos extensores do joelho e restituir estabilidade à articulação, os exercícios em CCA e CCF têm sido empregados em programas de reabilitação dos distúrbios femoropatelares. Durante a realização de exercícios em CCA o músculo quadríceps femoral atua de forma isolada, favorecendo o aumento das forças de compressão femoropatelares. Os exercícios em CCF geram cocontração muscular e proporcionam maior estabilidade articular, além de reproduzirem movimentos funcionais comumente executados nas atividades de vida diária.

Do ponto de vista biomecânico, sugere-se que esses exercícios são mais seguros e produzem estresses e forças que oferecem menor risco às estruturas em recuperação quando comparados com os exercícios em CCA. A coativação ou cocontração dos músculos agonistas e antagonistas ocorrem durante os movimentos em CCF, a fim de proporcionar a estabilização articular. Além disso, os exercícios em CCF são igualmente eficazes na produção de força no quadríceps femoral, quando se compara com os exercícios em CCA (SOUZA *et al.*, 2007).

Dentre os exercícios em CCF, o agachamento, tríplice flexão do membro inferior vêm sendo considerados efetivos no desenvolvimento da musculatura do quadril, joelho e tornozelo, por meio do aumento da atividade do quadríceps, isquiotibiais e tríceps sural. Apesar disso, ele deve ser utilizado cautelosamente nos indivíduos portadores de alterações patelofemorais (PF) e do ligamento cruzado posterior (LCP), especialmente nos maiores ângulos de flexão do joelho, ocasião em que as forças de translação e compressão aumentam nessa articulação (FEHR *et al.*, 2006).

Durante o agachamento, a linha de gravidade se desloca posteriormente ao eixo do joelho, aumentando o torque flexor. Os isquiotibiais promovem uma estabilização no joelho mediante uma tração posterior na tíbia para contrapor a força anterior imposta pelo quadríceps. O grau de ativação em que os músculos isquiotibiais atuam na pelve, provavelmente, depende dos ângulos do joelho e quadril e dos comprimentos musculares individuais.

Dessa forma, a tensão dos isquiotibiais pode ser aumentada com uma ligeira flexão anterior do tronco, o que também move o centro de gravidade anteriormente, diminuindo o torque de flexão do joelho e reduzindo, assim, a força de translação tibial e a compressão na articulação patelofemoral (SOUZA *et al.*, 2007).

De acordo com Steimkamp *et al.* (1993) durante a execução de exercícios em CCA devem ser evitados os últimos graus de extensão do joelho, já que nesta angulação há menor contato articular, porém, as forças compressivas são distribuídas sobre uma pequena área, aumentando o estresse femoropatelar. Quanto aos exercícios em CCF, os autores sugerem que sejam evitados ângulos acima dos 45 graus de flexão do joelho, pois apesar de maior estabilidade articular com incremento da flexão há também aumento das forças compressivas e maior estresse femoropatelar.

Tratamentos baseados no ganho de força do músculo quadríceps femoral diminuem de forma importante os sinais e sintomas de pacientes com síndrome patelofemoral. Porém, sem diferença clara entre tratamentos realizados com exercícios em CCF e CCA.

DOR LOMBAR E MECANOTERAPIA

Exercícios para tratamento da dor lombar não é uma ideia nova e está se tornando cada vez mais claro que o tratamento orientado funcionalmente para o gerenciamento da coluna lombar é uma tendência crescente (COX, 2002).

Os músculos ao redor do tronco ficam ativos durante a maioria das atividades na medida em que estabilizam o tronco, movem-no em uma posição vantajosa para suplementar a produção de força ou assistir a um movimento nos membros. Como a coluna lombar é um local comum para lesão em esportes e no trabalho, deve ser dada atenção especial aos exercícios para fortalecer e alongar essa parte do tronco. Os exercícios do troco devem ser avaliados em termos de seu impacto negativo sobre a função e estrutura da coluna (HAMILL, 2008).

Exercícios que criam lordose excessiva ou hiperextensão das vértebras lombares devem ser evitados, já que colocam pressão excessiva sobre os elementos posteriores do segmento espinal e podem causar comprometimento das facetas ou do arco posterior.

Existem dois tipos básicos de levantamentos que ativam os eretores da espinha: o levantamento de pernas e o levantamento de tronco. O levantamento de pernas é agachamento ou o levantamento terra, em que a coluna é mantida em postura ereta ou levemente fletida e os joelhos são fletidos. Esse levantamento produz menor quantidade de atividade dos eretores da espinha e impõe as mais baixas forças de atrito e compressão na coluna.

O levantamento de tronco é um exercício em que a pessoa se curva na cintura com os joelhos retos, como no exercício de tocar a ponta dos pés. Esse exercício cria as mais altas forças de atrito e compressão nas vértebras lombares, mas os eretores da espinha ficam mais ativos nesse tipo de atividade. Atualmente existem aparelhos de musculação que realizam esse exercício com grande qualidade de estabilização da coluna vertebral. Qualquer postura encurvada do tronco impõe grandes forças compressivas à coluna; consequentemente, uma postura de flexão de tronco durante um levantamento deve ser desencorajada (SOUZA *et al.*, 2007).

Os movimentos de rotação e inclinação de tronco não são geralmente enfatizados em um programa de exercícios. Existe algum benefício em incluir alguns desses exercícios em uma rotina de treinamento, já que a rotação é um componente importante em muitos padrões de movimento. Alguns atletas e indivíduos tentam isolar os oblíquos e fazer exercícios de rotação de tronco contra uma resistência externa. Os oblíquos não são isolados nesse tipo de exercício, já que os eretores da espinha também são envolvidos ativamente. Se um exercício de rotação é acrescentado a uma série de exercícios, deve-se ter cuidado ao executá-lo. Não devem ser feitos exercícios em que o tronco é fletido ou estendido e então girado. Isso sobrecarrega as vértebras desnecessariamente e de forma excessiva. Se a rotação vai ser incluída em um exercício, esta deve ser feita isoladamente, e não em combinação. O mesmo é válido para exercícios de flexão lateral que podem ser feitos contra uma resistência em pé ou em decúbito lateral (SOUZA et al., 2007).

A falta de flexibilidade no tronco ou na coxa posterior influi nas cargas e alongamentos excessivos que ocorrem durante os exercícios. Se a coluna lombar tem pouca flexibilidade, a reversão da curvatura lombar fica restringida nos movimentos de flexão. Isso alonga adicionalmente os isquiotibiais. Se esses são pouco flexíveis, a rotação da pelve fica restringida, distendendo ainda mais os músculos e ligamentos lombares. Além disso, a rotação da pelve aumenta a sobrecarga geral sobre a coluna. Os exercícios de rotação de tronco podem ser realizados em aparelhos de musculação específicos, ou mesmo com a utilização de elásticos de resistência maior.

DPOC E MECANOTERAPIA

A intolerância ao exercício é manifestação comum em pacientes com doença pulmonar obstrutiva crônica (DPOC). Embora a limitação ventilatória contribua para este quadro, essa intolerância pode ser atribuída também à disfunção muscular esquelética. A disfunção do sistema muscular esquelético é caracterizada pela diminuição significativa da força e da massa muscular, sendo que a redução da massa muscular é fator de previsão independente para a mortalidade em pacientes com DPOC, especialmente nos pacientes com volume expiratório forçado no primeiro segundo (VEF1) < 50% do previsto (SILVA et al., 2008).

O exercício físico é considerado a conduta mais efetiva na reabilitação pulmonar e, dentre as modalidades de exercício, o treinamento aeróbio pode ser efetivo na reversão dos prejuízos funcionais; entretanto, apresenta pouco ou nenhum efeito sobre a redução de força e atrofia muscular. Nesse sentido, o treinamento de força e opção racional no processo de reabilitação pulmonar de pacientes com DPOC (WEST, 2002).

Intensidades entre 70% e 90% de 1RM (Repetição Máxima – maior quantidade de carga que pode ser mobilizada em uma amplitude total de determinado movimento) podem provocar elevações indesejáveis da pressão arterial. A pressão arterial deve ser monitorada antes e após o exercício e, eventualmente, durante a sua realização. Embora o intervalo entre as séries de repetições seja, geralmente, omitido nos principais estudos, para que as repercussões cardiovasculares sejam minimizadas, dois a três minutos de intervalo entre cada série de repetições são recomendados.

O fortalecimento muscular para pacientes com DPOC deve ser destinado não apenas para os músculos da deambulação e dos membros superiores, mas também para a musculatura do tronco. Os músculos do tronco mostraram ser determinantes para a capacidade funcional de exercício nesses pacientes, provavelmente pela grande participação na respiração acessória. Após treinamento de força de alta intensidade de pressão das pernas, o qual exige ação dos músculos abdominais, existe correlação significativa entre os incrementos da força muscular e do VEF1.

Músculos como latíssimo do dorso, peitoral maior e abdominais desempenham papel importante na expiração acessória e, consequentemente, na manutenção da geometria e comprimento diafragmáticos. Este fato pode explicar a influência positiva do fortalecimento desses músculos na capacidade funcional de exercício e na função pulmonar.

Uma grande variedade de equipamentos para treinamento de força tem sido utilizada em programas de reabilitação. Entre os mais utilizados, encontram-se os aparelhos de musculação, os pesos livres e os elásticos. Os aparelhos têm a vantagem de proteger as costas, estabilizando a posição corporal do paciente, e permitir o aumento gradativo de carga (CARVALHO et al., 2006).

Embora o exercício de alta intensidade resulte em maiores adaptações fisiológicas, os exercícios de baixa intensidade são benéficos e recomendados, sobretudo para pacientes mais comprometidos. O consenso atual de reabilitação pulmonar recomenda: o mínimo de 20 sessões (3x/semana) para obtenção de adaptações fisiológicas; semanalmente, duas sessões supervisionadas e uma terceira domiciliar; treinamento destinado aos membros superiores e inferiores; o treinamento combinado pode maximizar os benefícios e é alternativa tolerável e diversificada de condicionamento; o treinamento de força é recomendado especialmente para pacientes com disfunção muscular esquelética significativa (SILVA et al., 2008).

EQUILÍBRIO POSTURAL

A população, ao envelhecer, sofre com a diminuição das aptidões físicas necessárias para manutenção da funcionalidade mecânica e fisiológica. O problema principal relatado por diversos autores ao decair essas valências físicas é a questão da perda de equilíbrio que chega a 85% da população acima de 65 anos (SIMONCELI *et al.*, 2003). Com isso, muitos idosos sofrem quedas da mesma altura, que muitas vezes são acompanhadas de fraturas. A região mais acometida é o colo do fêmur, gerando incapacidades, causando dificuldades na autonomia de vida diária ou até mesmo levando à morte, sendo responsável por 70% dos acidentes em pessoas acima de 75 anos com consequência de morte (GANANÇA *et al.*, 2006).

Freitas e Scheicher (2008) afirmam que as pessoas que sofrem a primeira queda ficam com medo de novas quedas, principalmente se forem idosos, diminuindo assim as atividades do dia a dia, dificultando o convívio social.

Em seus estudos Ganança *et al.* (2006) relatam que a queda de idosos é um problema de saúde pública que cresce a cada ano no Brasil. Isto se confirma em levantamento do Ministério da Saúde, em que o número de internações de idosos pelo motivo de queda é muito alto e a maioria está associado à perda do equilíbrio.

Guimarães *et al.* (2004) comprovam que as quedas em muitas vezes poderiam ser prevenidas com o treinamento específico, juntamente com o fortalecimento muscular. Também afirma que os idosos que praticam atividade física apresentam mais autonomia para suas atividades diárias, podendo ser ativos nas suas tarefas com menor risco de quedas quando comparados com os sedentários.

Pereira (1994) coloca que os fatores de risco para perda de equilíbrio estão relacionados aos componentes sensoriais, cognitivos (orientação temporoespacial), memória, capacidade de cálculo, capacidade de planejamento e decisão, (linguagem expressão e compreensão), integrativos centrais (principalmente cerebelo) e musculoesqueléticos, de forma alternante integrada. O efeito somatório das alterações relacionadas à idade, doenças e meio ambiente inadequado parecem predispor à queda.

Gazzola *et al.* (2004) afirmam que o equilíbrio depende de quatro fatores: altura do centro de gravidade acima da base de sustentação, o tamanho da base de sustentação, a localização da linha de gravidade dentro da base de sustentação e o peso do corpo. A estabilidade é aumentada por um baixo centro de gravidade, uma base ampla de sustentação, a linha de gravidade no centro de apoio e um peso grande, e tudo isso está relacionado com o equilíbrio humano.

Podemos dizer que o equilíbrio é dependente do controle postural, que é habilidade de controlar o corpo no espaço, e que protege contra quedas. Podendo se locomover em diferentes direções com segurança e velocidade e de maneira coordenada, ajustando de acordo com as situações ambientais e perturbações externas (GAZZOLA *et al.*, 2004).

A perda de equilíbrio está relacionada, segundo Siqueira *et al.* (2007), a mudanças de direção sem estar planejada antecipadamente, por motivos aleatórios devido a sustos ou obstáculos sem visualização prévia, provocando tropeços.

Pereira *et al.* (2001), dividem em fatores de risco intrínsecos as alterações fisiológicas do processo de envelhecimento, atribuindo a:

- diminuição da visão (redução da percepção de distância e visão periférica e adaptação ao escuro);
- diminuição da audição (não ouve sinais de alarme);
- distúrbios vestibulares (infecção ou cirurgia prévia do ouvido, vertigem posicional benigna);
- distúrbios proprioceptivos – há diminuição das informações sobre a base de sustentação; os mais comuns são a neuropatia periférica e as patologias degenerativas da coluna cervical;
- aumento do tempo de reação a situações de perigo;
- diminuição da sensibilidade dos baroceptores à hipotensão postural;
- distúrbios musculoesqueléticos: degenerações articulares (com limitação da amplitude dos movimentos), fraqueza muscular (diminuição da massa muscular), deformidades dos pés;
- sedentarismo.

Todas essas situações podem contribuir de alguma forma para as alterações no equilíbrio, por isso faz-se a necessidade de realizar atividades com objetivo de prevenir problemas, que podem ocorrer com a diminuição da capacidade de manter o equilíbrio, sendo ele dinâmico ou estático.

Figueiredo, Lima e Guerra (2007), através de uma pesquisa em bancos de dados eletrônicos, com o objetivo de saber quais os testes mais realizados e que atendesse a um teste cínico validado, abrangendo um baixo custo, que verificasse o equilíbrio dinâmico e estático de forma confiável, de domínio público, de fácil compreensão com aplicabilidade curta, recomendaram o teste de escala de equilíbrio de Berg.

A escala de Berg, validada e traduzida para a Língua Portuguesa por Miyamoto *et al.* (2004), o teste que avalia o equilíbrio em 14 situações representativas do dia a dia, que apresenta uma escala original de cinco alternativas que variam de 0 a 4 pontos, representando o estágio do paciente, que poderá atingir um escore máximo de 56 pontos, dentro das atividades a seguir:

1. Posição sentada para posição de pé;
2. Permanecer em pé sem apoio;
3. Permanecer sentado sem apoio nas costas, com os pés apoiados;
4. Posição em pé para posição sentada;
5. Transferências;
6. Permanecer em pé sem apoio com os olhos fechados;
7. Permanecer em pé sem apoio com os pés juntos;
8. Alcançar a frente com o braço estendido em pé;
9. Pegar um objeto do chão a partir de uma posição em pé;
10. Virar-se e olhar para trás por cima dos ombros direito e esquerdo em pé;
11. Girar 360 graus;
12. Posicionar os pés alternadamente no degrau ou banquinho enquanto permanece em pé sem apoio;
13. Permanecer em pé sem apoio com o pé à frente;
14. Permanecer em pé sobre uma perna.

Bonan *et al.*, (2004), relatam que com os resultados das atividades realizadas na avaliação podemos direcionar os pacientes para as atividades físicas, para melhora do equilíbrio. Teasell *et al.* (2004), comentam que ter uma estratégia formada para reabilitação é muito difícil, mas que podemos estabelecer as melhores opções terapêuticas através de um planejamento de acordo com a avaliação adequada. Bonan *et al.* (2004), acrescentam que as características das alterações de controle postural podem ajudar na prescrição mais efetiva para terapêutica e prevenção.

Rothwell (1994) coloca a força muscular como um fator importante para manter o suporte do corpo contra a gravidade, mantendo o equilíbrio estático, onde para o equilíbrio dinâmico ocorre a estabilização das partes corporais, enquanto as demais estão em movimento, tendo a correção necessária para se permanecer sem sofrer a queda. Vita *et al.* (1998), dizem que as atividades são eficientes contra quedas e morte em idosos pelo aumento da estabilização postural devido ao aumento de força muscular.

Existem evidências sobre exercícios de equilíbrio ajudando a reduzir os números de quedas em idosos principalmente para Loar *et al.* (1995), que defendem os aspectos positivos das atividades físicas para os idosos. Mas que o estudo de Carter, Kannus e Khan (2001), feito entre 1966 e 2001, gera uma preocupação com a real necessidade dos idosos, principalmente com relação aos fatores causais das quedas e sua relação ao déficit de flexibilidade, tempo de reação e força muscular.

Perracini (1998) contribui sobre a importância da escolha estratégica do indivíduo ao se locomover sem gerar o desequilíbrio. Que no caso dos idosos essas funções ficam alteradas devido às patologias sensórias motoras, ligadas diretamente com as atividades do cotidiano e responsável diretamente pela qualidade de vida.

Gazzola *et al.* (2004) relataram que o treinamento precoce do equilíbrio pode ser utilizado como preventivo. Perracini (1998) complementa que se deve realizar treinamentos globais envolvendo outros componentes diretamente envolvidos com o equilíbrio.

Por isso, ao prescrever os exercícios de equilíbrio estático e dinâmico, temos que realizar uma boa avaliação da real necessidade dos pacientes, em que conseguiremos estabelecer o melhor tratamento direcionado a todas as suas necessidades.

EXERCÍCIO DE EQUILÍBRIO ESTÁTICO

Os exercícios propostos seguirão uma ordem pedagógica que proporcionará maior dificuldade conforme a sequência for desenvolvida. Fator mecânico (bipodálico progredir para flexão dos pés e depois dorsiflexão, e o mesmo para unipodálico), fator sensitivo (tato e visão, visão e sem visão) e equipamentos (solo, apoio sobre colchonetes, cama elástica, bosu, plataforma de equilíbrio retangular e plataforma vibratória).

Serão utilizados banco ou cadeiras e bolas suíças para dar apoio e suporte aos exercícios de equilíbrio e fortalecimento global da musculatura eretora.

1. Em pé, de frente para uma cadeira, com os pés paralelos afastados na largura dos ombros;
2. Em pé, de frente para uma cadeira, com apoio unipodálico, primeiro usando flexão dos joelhos e posteriormente flexão do quadril do membro oposto;
3. Sentar e levantar de um banco ou cadeira seguidamente, iniciar os exercícios com angulação dos joelhos superior a 90°, progredindo para 90°. Exercício para fortalecimento dos extensores da coluna, abdômen (transverso), glúteos, quadríceps e tibial anterior;
4. Flexão de quadril sobre uma bola suíça, em decúbito ventral, com as mãos apoiadas no solo, altura dos ombros, a porção distal da coxa apoiada sobre a bola suíça, realizar flexão de quadril trazendo a bola com os joelhos até formar um ângulo de 90° graus entre a coxa e a perna, retornar à posição inicial lentamente. Exercícios para flexores do quadril, para vertebrais e abdominais.

EXERCÍCIOS DE EQUILÍBRIO DINÂMICO PARA TERCEIRA IDADE

1. Andar em linha reta sobre uma linha projetada usando a seguinte progressão:
   - encostando os calcanhares na ponta dos dedos;
   - em flexão plantar;
   - em dorsiflexão.
2. Andar sobre uma linha projetada transpondo obstáculos da mesma altura e progredir para alturas diferentes. Utilizar o mesmo exercício com o retorno de costas e progredir para exercícios sem a visão.

Obs. Nos exercícios sem visão, faz-se o comando oral ativo.

Figura 8.1: Apoio bipodálico com flexão plantar sobre o colchonete

Figura 8.2: Apoio bipodálico com flexão plantar sobre o colchonete sem visão

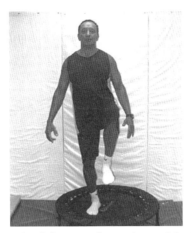

Figura 8.3: Apoio unipodálico com flexão de quadril sobre cama elástica

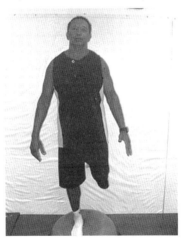

Figura 8.4: Apoio unipodálico com flexão de joelhos sobre bosu

Figura 8.5: Apoio bipodálico com flexão plantar na plataforma de equilíbrio retangular

Figura 8.6: Posição inicial de sentar e levantar

Figura 8.7: Posição final de sentar e levantar

Figura 8.8: Posição inicial da flexão do quadril sobre a bola

Figura 8.9: Posição final da flexão do quadril sobre a bola

Figura 8.10: Caminhar em linha reta em flexão plantar

Figura 8.11: Caminhar em linha reta transpondo objetos

REFERÊNCIAS BIBLIOGRÁFICAS

BONAN, I. V. *et al.* **Reliance on visual information after stroke. Part I: Balance on Dynamic Posturograpy**. Arch Phys Med Rehabil. 2004.

BRUNI, B. M. **Avaliação do equilíbrio postural em idosos praticantes de hidroterapia em grupo**. O Mundo da Saúde. São Paulo, 2008 32(1): 56-63

CABRAL, C. M. N. *et al.* **Physical therapy in patellofemoral syndrome patients: comparison of open and closed kinetic chain exercises.** Acta Ortop Bras, 2008 16(3): 180-185.

CARVALHO, T. *et al.* **Diretriz de Reabilitação Cardiopulmonar e Metabólica: aspectos práticos e responsabilidades**. Arquivos Brasileiros de Cardiologia, 2006, v. 86, n° 1, pp. 74-82.

CARTER, N. D.; KANNUS, P.; KHAN, K. M. **Exercise in the prevention of falls in older people: a systematic literature review examining the rationale and evidence**. Sports Medicine, Auckland, 2001.

COX, J. **Dor lombar: mecanismo, dignóstico e tratamento.** 6ª ed., Editora Manole, 2002.

CIPRIANO, J. **Manual fotográfico de testes ortopédicos e neurológicos.** 4ª ed., Editora Manole, 2005.

FEHR, G. H. *et al.* **Efetividade dos exercícios em cadeia cinética aberta e cadeia cinética fechada no tratamento da síndrome da dor femoropatelar.** Rev. Bras. Med. Esporte, 2006, v. 12, n° 2.

FIGUEIREDO, K. M. O. B.; LIMA K. C.; GUERRA R. O. **Instrumentos de avaliação do equilíbrio corporal em idosos**. Rev. Bras. Cineantropom. & Desempenho Hum, 2007

FREITAS, M. A. V.; SCHEICHER, M. E. **Preocupação de idosos em relação a quedas.** IN: Rev. Bras. Geriatr. Gerontol. 2008, v. 11, n° 1.

GANANÇA, F. F. *et al.* **Circunstâncias e consequências de quedas em idosos com vestibulopatia crônica**. Rev. Bras. Otorrinolaringol. [*online*]. 2006, v. 72, (3): 388-393.

GAZZOLA, J. M. *et al.* **Caracterização funcional do equilíbrio de idosos em serviço de realibitação gerontológica**. Rev. Fisioter. Univer.; São Paulo, 2004.

GUIMARÃES, L. H. T *et al.* **Comparação da propensão de quedas entre idosos que praticam atividades físicas e idosos sedentários**. Rev. Neurociências, 2004, v.12 (2).

HAMILL, J. **Bases biomecânicas do movimento humano.** 2ª ed., Editora Manole, 2008.

LOAR, S. R. *et al.* **The effect of a 12 month exercise trial on balance, strength and falls in older women: a randomized controlled trial**. Journal of the American Geriatrics Society; New York, 1995.

MIYAMOTO, S. T. *et al.* **Brazilian version of the Berg balance scale.** Braz J Med Biol Res. 2004.

PEREIRA SEM *et al.* **Quedas em Idosos**. Sociedade Brasileira de Geriatria e Gerontologia. Projeto Diretrizes da Associação Médica Brasileira e Conselho Federal de Medicina, 2001.

PEREIRA SEM. **O idoso que cai**. *In*: Sociedade Brasileira de Geriatria e Gerontologia. Caminhos do envelhecer. Rio de Janeiro: Revinter; 1994. pp. 217-21

PERRACINI, M. R. **Equilíbrio e controle postural em idosos**. Revista Brasileira de Postura e Movimento, São Paulo, 1998.

PIZZATO, L. M. *et al.* **Análise da frequência mediana do sinal eletromiográfico de indivíduos com lesão do ligamento cruzado anterior em exercícios isométricos de cadeia cinética aberta e fechada.** Rev. Bras. Med. Esporte, 2007, v. 13, nº 1.

PRENTICE, W. **Técnicas de reabilitação em medicina esportiva.** 3ª ed., Editora Manole, 2002.

ROTHWELL J. **Control of human voluntary movement**. London: Chapman & Hall, 1994

SILVA, E. G.; DOURADO, V. Z. **Treinamento de força para pacientes com doença pulmonar obstrutiva crônica.** Rev. Bras. Med. Esporte, 2008 v. 14, nº 3.

SIMONCELI, L. *et al.* **Perfil diagnóstico de idosos portadores de desequilíbrio corporal**. Rev. Bras. Otorrinolaringol., 2003, v. 69, (6): 772-7.

SIQUEIRA, Fernando V. *et al.* **Prevalência de quedas em idosos e fatores associados**. Rev. Saúde Pública [*online*]. 2007, v. 41, (5): 749-756.

SOUZA, C. O. *et al.* **Atividade eletromiográfica no agachamento nas posições de 40°, 60° e 90° de flexão de joelho.** Rev. Bras. Med. Esporte, 2007, v. 13, nº 5.

STEINKAMP, L. A. *et al.* **Biomechanical considerations in patellofemoral joint rehabbilitation.** Am J Sports Med, 1993, 21: 438-44.

TEASELL, R. *et al.* **Evidenced based review of stroke rehabilitation**. 5th edition, 2004.

VITA, A. J. *et al.* **Aging, health risks, and cumulative disability**. New England Journal Medicine, Waltham, 1998.

WEST, J. **Fisiologia respiratória.** 6ª ed., Editora Manole, 2002.

9. Terapia Nutricional nas Doenças Cardiovasculares

Capítulo 9

Roberta França Carvalho
Michelle Fonseca de Oliveira
Rodolfo Alkmim Moreira Nunes

INTRODUÇÃO

A relação da alimentação com o bem-estar físico e o pleno desenvolvimento mental e emocional já era conhecida desde a antiguidade e se tornou pública através de Hipócrates. Nas últimas décadas, cresce de forma acentuada o volume de trabalhos científicos sobre nutrição, o que demonstra a preocupação desta área de conhecimento com a melhoria da qualidade de vida de uma população. A nutrição tem por objetivo potencializar as funções fisiológicas de cada pessoa e garantir a saúde, diminuindo o risco de aparecimento de doenças. Ela estuda os alimentos e os mecanismos pelos quais o organismo os ingere, assimila e utiliza os nutrientes que nos fornecem a energia necessária para mantê-lo vivo.

A sociedade moderna vem ao longo dos tempos modificando os padrões de vida e de alimentação. Com isso, há necessidade de refeições mais práticas e rápidas. Estes tipos de refeições (*fast-food*) vêm deixando a população cada vez mais susceptível a doenças, como obesidade, diabetes e doenças cardiovasculares.

Nos países industrializados, verifica-se uma prevalência de doenças cardiovasculares tanto em mulheres quanto em homens. Neste contexto, os indivíduos apresentam pelo menos uma das formas de doenças cardiovascular, quer seja, a hipertensão, a doença da artéria coronária (DAC), o acidente vascular cerebral (AVC), a cardiopatia reumática ou a insuficiência cardíaca. De todas as doenças cardiovasculares, a DAC é a causa de morte mais prevalente. Uma má alimentação pode estar associada à DAC, alterações nos lipídios séricos e aterogênese.

Na atualidade, tem se observado uma crescente preocupação e conscientização com o resgate e a preservação da qualidade da alimentação, com o controle de qualidade dos alimentos e com a segurança alimentar. A alimentação adequada e equilibrada é indispensável tanto para a saúde física como para a saúde mental e moral e é uma das formas de se prevenir e auxiliar no tratamento de doenças.

A terapia nutricional se faz presente na história da humanidade desde os mais antigos relatos. Nos desenhos rupestres em cavernas, observamos a preocupação dos indivíduos retratados em oferecer preparados líquidos a enfermos deitados e inválidos. Na evolução da humanidade, o ato de curar sempre esteve aliado à nutrição. Desta forma, a terapia nutricional assume importante participação em relação às doenças cardiovasculares e seus principais objetivos são a manutenção e/ou recuperação do peso ideal, correção dos fatores de risco modificáveis, contribuição com níveis adequados de lipídeos sanguíneos, manutenção e/ou recuperação da glicemia e promoção da educação alimentar. O controle e o equilíbrio alimentar tornam-se fundamentais para a prevenção de doenças cardiovasculares.

RECOMENDAÇÃO DOS NUTRIENTES NAS DOENÇAS CARDIOVASCULARES

Os nutrientes são os constituintes dos alimentos responsáveis pela manutenção de todas as reações bioquímicas necessárias para o perfeito funcionamento do organismo. Existem dois grandes tipos de nutrientes – os macronutrientes (carboidratos, proteínas e lipídeos) e os micronutrientes (vitaminas e minerais). Na dieta terapêutica para as doenças cardiovasculares, os macronutrientes e micronutrientes devem estar em harmonia, respeitando as proporções entre eles para se alcançar uma alimentação equilibrada. A seguir, podem ser verificados alguns nutrientes com as respectivas recomendações do *National Cholesterol Education Program/Adult Treatment Panel III* – NCEP/ATP III (2001).

CARBOIDRATOS

Os carboidratos são responsáveis pelo fornecimento de uma fração significativa de energia e são armazenados no organismo humano sob a forma de glicogênio.

Em uma dieta desequilibrada, um maior consumo de carboidratos, principalmente na forma simples, pode representar um fator de risco para o desenvolvimento da obesidade (ROSADO, MONTEIRO, 2001). Além disso, dietas hiperglicídicas estão associadas ao aumento das concentrações plasmáticas de triglicerídeos (TG), bem como redução de HDL e menor fibrinólise (SANTOS *et al*, 2006). Portanto, recomenda-se o consumo de 50 a 60% do valor energético total (VET), dando preferência a carboidratos complexos provenientes de cereais integrais e leguminosas.

FIBRAS

As fibras solúveis representadas principalmente pelas pectinas e β-glucanos, diminuem o colesterol sérico total e LDL, estão presentes nas frutas, aveia, linhaça e leguminosas. As fibras insolúveis não têm esta ação, embora aumentem a saciedade auxiliando a redução de peso, e estão presentes no trigo, grão e hortaliças.

Os mecanismos que proporcionam a diminuição do colesterol são a ligação das fibras aos sais biliares no intestino, favorecendo a sua excreção e aumentando a necessidade de colesterol para síntese de novos sais biliares. Outro mecanismo é a fermentação da fibra pelas bactérias colônicas, levando à produção de ácidos graxos de cadeia curta (acetato, propionato e butirato), que inibem a síntese de colesterol (COSTA, MEALE, 2006).

O uso de fruto-oligossacarídeos (FOS), presentes em alimentos como cebola, alho, tomate, banana, cevada, aveia, trigo, mel, raiz da chicória, aspargos e alcachofra, diminui os níveis de TG e colesterol sérico; este efeito se potencializa com alimentos que contêm certos tipos de lactobacilos (SILVA, MURA, 2007).

A recomendação do NCEP (2001) é de 20-30g/dia de fibras com o consumo de 5-10g/dia de fibras solúveis.

PROTEÍNAS

As proteínas são compostos orgânicos de alto peso molecular, formadas pelo encadeamento de aminoácidos. A dieta deve-se ser normoproteica, porque as fontes proteicas de origem animal, embora tenham alto valor biológico, são, em geral, ricas em gordura, o que acaba aumentando também a quantidade de lipídeos da dieta (COZZOLINO, 2007). A proteína de origem vegetal da soja tem destaque na doença cardiovascular devido aos benefícios que serão descritos a seguir.

Recomenda-se o consumo de proteínas com baixa quantidade de gordura saturada, como queijos do tipo ricota e *cotagge,* que são feitos a partir do soro do leite. O leite e seus derivados devem ser desnatados, devendo-se evitar as carnes gordas como picanha, fraldinha, entre outras. O ovo é uma fonte proteica importante, porém, deve-se evitar consumir a gema, pois ela é rica em colesterol. A recomendação do NCEP (2001) é uma ingestão de aproximadamente 15% do VET.

LIPÍDEOS

O aumento da ingestão total de gordura está associada à obesidade, resistência à insulina e dislipidemias. Ambos estão associados com maior risco de DAC (DAMJANOVIC, BARTON, 2008).

Dietas com baixo teor de gordura só diminuem o LDL quando acompanhadas de uma diminuição da ingestão de ácidos graxos saturados (AGS). Vale destacar que o consumo de gordura total em cotas inferiores a 25% pode dificultar a manutenção dos níveis de HDL, e aumentar os níveis plasmáticos de glicose, insulina e triglicerídeos por poder incorrer no consumo elevado de carboidratos (STONE, KUSHNER, 2003).

Os AGS são a principal causa alimentar de elevação do colesterol por inibir a depuração plasmática de LDL. Além disso, em função da sua estrutura retilínea, a gordura saturada permite maior entrada de colesterol nas partículas de LDL (SOCIEDADE BRASILEIRA DE CARDIOLOGIA, 2007). Desta forma, é recomendável evitá-los, principalmente o mirístico (C14:0) presente em leite e derivados, cerne de palmeira e óleo de coco e o palmítico (C16:0) que é rico em alimentos de origem animal e óleo de dendê (KRUMMEL, 2005).

Com relação à ingestão de carnes, a de peixe é a melhor opção por possuir menores quantidades de gordura saturada e total. Outra opção é a carne branca, sem pele, de peru ou frango, preferencialmente o peito, pois possuem pequenas quantidades de gordura saturada e total, embora se deva atentar à carne escura dessas aves que apresentam quantidades de gordura semelhantes ou superiores a alguns cortes de carne bovina. Recomenda-se os cortes magros de carne bovina como coxão mole, patinho ou filé mignon (COSTA, MEALE, 2006).

Após o AGS, os lipídeos que mais contribuem com o aumento das concentrações plasmáticas de LDL são os ácidos graxos *trans* (AGT) isômeros e, em menor grau, o colesterol dietético (SANTOS *et al.*, 2006).

AGT são ácidos graxos cuja estrutura química apresenta pelo menos uma dupla-ligação na configuração *trans*. Estão presentes em pequenas quantidades em animais ruminantes e, mais comumente, na dieta, produzidos industrialmente a partir da hidrogenação parcial de óleos vegetais alterando 30 a 50% da composição normal destas gorduras (MICHA, MOZAFFARIAN, 2008).

Pela semelhança estrutural com o AGS, o AGT também provoca elevação da colesterolemia, com uma desvantagem maior por reduzir o HDL (SOCIEDADE BRASILEIRA DE CARDIOLOGIA, 2007).

As maiores fontes desta gordura na alimentação são óleos e gorduras hidrogenadas, margarinas duras e *shortenings*, que são gorduras que compõem sorvetes cremosos, chocolates, *cookies*, pães, molhos para saladas, cremes e sobremesas aeradas e óleos para fritura industrial. Recomenda-se o consumo de margarinas do tipo cremosa e *light* com até 40% de lipídeos (COSTA, MEALE, 2006). A recomendação é que a ingestão de AGT seja menos de 1% do VET (WORLD HEALTH ORGANIZATION, 2003).

Quanto ao colesterol dietético, algumas pessoas são hiporresponsivas por não aumentarem o colesterol sérico frente a aumentos de colesterol dietético, enquanto outras são hiperresponsivas. O colesterol dietético tem efeito sinérgico ao AGS sobre o aumento dos níveis de LDL. São encontrados em alimentos de origem animal (KRUMMEL, 2005).

Os ácidos graxos cis-monoinsaturados (AGCM) reduzem o colesterol total e LDL, sendo que quando ofertado em quantidade maior ou igual a 20% do VET elevam ou mantêm o HDL (SOCIEDADE BRASILEIRA DE CARDIOLOGIA, 2007). Além destes benefícios, apresentam ação antitrombolítica, inibitória da agregação plaquetária e antioxidante (TOBOREK *et al*, 2002). Entretanto, é necessário ressaltar que altas concentrações de ácido oleico na dieta podem promover ganho de gordura corporal (LOVEJOY *et al*, 2002). O ácido graxo oleico (C18:1) é o AGCM mais prevalente na dieta. As principais fontes de AGCM são o azeite de oliva, óleo de canola, azeitona, abacate e oleaginosas (castanhas, nozes, amêndoas).

Os ácidos graxos poli-insaturados ω3 (AGP ω3) são considerados cardioprotetores. Diminuem a trigliceridemia devido à diminuição da síntese de VLDL, apo B100 e lipemia pós-prandial, além da remoção dos TG circulantes. Além disso, os eicosanoides derivados do AGP ω3 possuem propriedades inflamatórias mais baixas, além de proporcionar vasodilatação e diminuição da adesividade plaquetária. Os principais tipos de AGP ω3 são o ácido eicosapentaenoico (EPA – C20:4) e o ácido docosaexaenoico (DHA – C20:6), cujas melhores fontes são peixes marinhos, como sardinha, bonito, atum, truta, bacalhau fresco, salmão, linguado, arenque e óleos de peixe. Outro tipo é o ácido α-linolênico, que também é essencial ao ser humano e é encontrado em vegetais, principalmente soja, linhaça e canola (SOCIEDADE BRASILEIRA DE CARDIOLOGIA, 2007). O *National Institutes Health* (NIH, 1999) recomenda a ingestão diária de 650mg de EPA e DHA e 2,2g/dia de α-linolênico.

Os ácidos graxos poli-insaturados ω6 (AGP ω6) são precursores de eicosanoides mais potentes na resposta inflamatória, quimiotaxia de leucócitos, além de proporcionar agregação plaquetária e vasoconstrição. Além disso, são mais suscetíveis à oxidação (PISCHON *et al*, 2003). O ácido linoleico (C18:2n-6) é precursor deste ácido graxo poli-insaturado, que é essencial e o mais abundante na alimentação. As principais fontes alimentares são os óleos de girassol, milho e soja. A recomendação, de acordo com o *National Institutes Health* (NIH, 1999), é de 4,44g/dia de ácido linoleico.

A uma dieta equilibrada, com os nutrientes citados acima, é recomendada para indivíduos com DAC e pode ser vista na tabela 1, a seguir:

Tabela 1: Nutrientes e ingestão recomendada para a DAC

Nutrientes	Ingestão recomendada
Calorias	Para atingir e manter peso desejável
Carboidratos	50 a 60% do valor energético total (VET)
Fibras	20 a 30g/dia
Proteínas	Aproximadamente 15% do VET
Lipídeos totais	25 a 35% do VET
Ácidos graxos saturados	< 7% do VET
Ácidos graxos poli-insaturados	Até 10% do VET
Ácidos graxos cis-monoinsaturados	Até 20% do VET
Colesterol	< 200mg/dia

Fonte: *National Cholesterol Education Program/Adult Treatment Panel III* – NCEP/ATP III, 2001.

FATORES NUTRICIONAIS NA DC

Algumas vitaminas e minerais estão envolvidos nos processos metabólicos, que conservam a integridade endotelial e assim inibe a progressão da aterosclerose. O consumo regular e contínuo, em quantidades adequadas de alguns alimentos, pode auxiliar na prevenção e controle das doenças cardiovasculares, conforme a seguir:

CÁLCIO

O consumo de cálcio provavelmente estimula aumento na excreção energética fecal devido à formação de complexos não absorvíveis de cálcio e gordura (SHAPSES, HESHKA, HEYMSFIELD, 2004). Este mecanismo parece proporcionar pequena diminuição de colesterol LDL em indivíduos hipercolesterolêmicos. Entretanto, novos estudos precisam ser realizados, pois segundo a pesquisa de Hsia *et al.* (2007), a suplementação de cálcio e vitamina D durante 7 anos não aumentou nem diminuiu o risco coronariano ou cerebral em mulheres saudáveis na pós-menopausa. Mesmo assim, é imprescindível atingir o consumo da recomendação diária de cálcio, que para adultos (homens e mulheres) com até 50 anos é de 1.000mg e a partir de 51 anos é de 1.200mg, pois o cálcio, além de participar em diversas funções vitais como coagulação sanguínea, contração e relaxamento muscular, transmissão química de impulsos nervosos, entre outras, participa ainda na manutenção da pressão sanguínea juntamente com os íons sódio, potássio e magnésio. Todos esses íons juntos afetam o tônus vascular por meio da regulação de proteínas contráteis e do transporte de substâncias pelas membranas. Apesar de não ser confirmado por todos os estudos, pessoas com pressão alta tendem a ter concentrações mais baixas de íons de cálcio no sangue do que o normal.

ANTIOXIDANTES

Radicais livres são moléculas altamente reativas que procuram se estabilizar aumentando a captação de hidrogênio, o que pode gerar danos ao DNA, às proteínas e aos lipídeos e podem causar diversas doenças. O efeito prejudicial dos radicais livres em excesso pode ser inibido com o uso de antioxidantes.

Dentre os antioxidantes mais estudados que estão associados à prevenção da doença cardiovascular estão a vitamina E, betacaroteno, flavonoides, vitamina C, zinco e selênio. Estes possuem efeitos cardioprotetores, dentre os quais podemos destacar a inibição da oxidação de LDL e a redução da agregação plaquetária.

A vitamina E é o antioxidante mais concentrado na partícula de LDL, tendo como principal função prevenir a oxidação de AG poli-insaturado. Como faltam dados a respeito do assunto, a AHA (*American Heart Association*) não recomenda a suplementação destes antioxidantes e sim o aumento do consumo de alimentos ricos nestas substâncias. A ingestão diária recomendada para vitamina E é de 15mg; de vitamina C, 75mg para mulheres e 90mg para homens; de zinco, 8mg para mulheres e 11mg para homens; de selênio, 55mcg. A tabela 2 apresenta as principais fontes alimentares dos antioxidantes.

Tabela 2: Fontes alimentares de substâncias antioxidantes

Antioxidantes	Fontes alimentares
Vitamina E	Óleos de sementes, nozes, abacate, grãos, cereais, ovos, grão de soja e vegetais verdes
Vitamina C	Frutas cítricas e vegetais, principalmente brócolis, repolho e tomate
Betacaroteno	Frutas, tomate, cenoura, brócolis, pimentão, espinafre e outros legumes
Flavonoides	Frutas vermelhas como a ameixa, cereja, uva e maçã; bebidas como vinho tinto, suco de uva e chás; condimentos como cebola, salsinha, tomilho, aipo e pimentão vermelho. Também está presente no cacau, couve e brócolis, soja e leguminosas
Zinco	Ostras, camarão, carnes bovinas, de frango e de peixes, fígado, gérmen de trigo, grãos integrais, castanhas, cereais integrais.
Selênio	Castanha-do-Pará, farinha de trigo, frutos do mar, como lagosta e caranguejo, carnes vermelhas, grãos integrais de trigo, aveia e arroz.

Referências: ROOS, KASUN, 2002; SILVA, MURA, 2007.

Além destes antioxidantes, vale destacar a oleuropeína e hidroxitirosol presentes no azeite de oliva, principalmente no extravirgem (FITÓ *et al.*, 2007). Outros antioxidantes importantes na terapia e prevenção das doenças cardiovasculares estão citados em outras partes deste capítulo.

FITOESTERÓIS

São esteróis produzidos pelos vegetais, os mais comuns são sitosterol e campesterol (PLAT, MENSINK, 2005). O consumo de fitoesteróis está associado com uma redução de 20% em eventos coronarianos (MIETTINEN, GYLLING, 2004). Alguns alimentos podem ser enriquecidos com fitoesterol, como margarinas, leites e iogurtes. Além disso, podem ser encontrados em cápsulas, oleaginosas e óleos vegetais.

O fitoesterol possui efeito hipocolesterolêmico e propriedades antiaterogênicas (PLAT, MENSINK, 2005). O mecanismo pelo qual os fitoesteróis diminuem o colesterol é através da inibição da absorção do colesterol dietético, que é eliminado.

A AHA (2006) recomenda a ingestão de 2g de fitoesteróis/dia por 3 semanas, objetivando reduzir de 10 a 15% o colesterol. Pessoas normocolesterolêmicas, crianças e mulheres grávidas não devem aumentar a ingestão de fitoesteróis, pois eles podem diminuir o betacaroteno, α-tocoferol e o licopeno e ainda é preciso que novos estudos a longo prazo sejam realizados para assegurar a ausência de efeitos adversos.

PROTEÍNA DE SOJA E ISOFLAVONAS

A proteína de soja tem eficácia comprovada na redução de colesterol total, LDL e triglicerídeos. As isoflavonas presentes na soja constituem um grupo de fitoquímicos classificados como fitoestrógenos. Podem ser benéficas devido à sua atividade estrogênica e habilidade em melhorar o perfil lipídico. As isoflavonas também possuem ação antioxidante (BHATENA, VELASQUEZ, 2002) e efeito antiproliferativo sobre as células musculares lisas, além dos efeitos benéficos sobre a formação do trombo e manutenção da reatividade vascular normal (SOCIEDADE BRASILEIRA DE CARDIOLOGIA, 2007). Com o tratamento térmico o teor de isoflavonas diminui.

As principais fontes de soja são: feijão-de-soja, queijo de soja (tofu), molho de soja (*shoyu*), farinha de soja, gérmen de soja, leite de soja e o concentrado proteico de soja. Segundo o *Food and Droug Administration* (FDA, 1999) o consumo superior a 25g/dia de soja, contendo aproximadamente 50mg de isoflavonas, contribui na redução de DAC.

VITAMINAS B6, B9 E B12

A homocisteína é um aminoácido sulfuroso que pode contribuir no desenvolvimento da aterosclerose. O folato e a vitamina B12 são necessários para convertê-la em metionina e a vitamina B6 é necessária no catabolismo da homocisteína, caso esteja presente em quantidades excessivas (STRAIN, 2004). Desta forma, fatores como baixos níveis plasmáticos de vitaminas B12, B6 e ácido fólico podem provocar a elevação de homocisteína no plasma, sendo que não há recomendação para suplementação de ácido fólico e/ou vitaminas B12 e B6 para a prevenção da aterosclerose (SOCIEDADE BRASILEIRA DE CARDIOLOGIA, 2007).

As fontes alimentares de ácido fólico são: espinafre, brócolis, abóbora, gérmen de trigo, leguminosas e a recomendação diária é de 400mcg. A vitamina B6 está presente no abacate, banana, figo, nozes e feijão-de-soja, devendo consumir diariamente 1,3mg. Por fim, as fontes recomendadas de vitamina B12 são: salmão, carnes magras, iogurte e queijo *cottage*, sendo indicada a ingestão de 2,4mcg ao dia.

ÁLCOOL

O álcool aumenta o HDL-colesterol e causa uma redução do fibrinogênio, inibindo a agregação plaquetária. Proporciona também um aumento dos triglicerídeos e tem um efeito maior em pessoas com TG > 150mg/dl.

O consumo de álcool não é recomendado para prevenção de aterosclerose, pois seus efeitos desfavoráveis como hipertrigliceridemia; elevação da pressão arterial, alterações no peso e na glicemia; desenvolvimento de cirrose e câncer de pâncreas devem ser considerados. A recomendação, caso haja ingestão de álcool, é que não se deve ultrapassar dois drinques (30g etanol) por dia para homens e um drinque (15g de etanol) para mulheres (AMERICAN HEART ASSOCIATION – AHA, 2006). Um drinque equivale a 60ml de bebida destilada ou 120ml de vinho, ou ainda 240ml de cerveja.

VINHO

O resveratrol, um flavonoide antifúngico obtido principalmente da casca da uva, está presente em abundância no vinho tinto e suco de uva e modula a síntese de óxido nítrico, reduz a peroxidação lipídica, inibindo a oxidação de LDL e aumentando o HDL, reduz agregação plaquetária e favorece o aumento de eicosanoides de ação anti-inflamatória (DAS, MAULIK, 2006). A recomendação da ADA (AMERICAN DIETETIC ASSOCIATION) é que a ingestão diária deve ser de 200 a 400ml de suco de uva ou 200ml de vinho tinto, para promover a redução da agregação plaquetária.

CAFÉ

Estudos não demonstraram associação entre o consumo de café e aumento da incidência e mortalidade por DAC.

Apesar dos grãos de café possuírem as substâncias lipídicas denominadas cafestol e *kahweol* que aumentam o colesterol sérico, a água quente, utilizada para o preparo do café, remove algumas substâncias gordurosas dos grãos e estas ficam retidas no coador. O método de preparo que proporciona este efeito protetor é através do uso de coador de papel (COSTA, MEALE, 2006). Apesar disso, o café contém ácido clorogênico, um polifenol com atividade antioxidante; no entanto, seu consumo deve ser moderado (BONITA, 2007).

DIETA DO MEDITERRÂNEO E DC

A dieta do mediterrâneo pode ser adaptada à DC. Este tipo de dieta é feito por meio do consumo alimentar dos países que se localizam às margens do mar Mediterrâneo, como Portugal, França, Itália, Espanha, Grécia, entre outros. Está associada com baixos índices de doença coronariana e aumento na expectativa de vida.

O Estudo de Lyon (DE LORGERIL, SALEN, CAILLAT-VALLET, 1999) avaliou de forma randomizada 605 pacientes que sofreram infarto do miocárdio, prescrevendo-se dieta do tipo mediterrâneo. Após 27 meses, observaram redução das taxas de eventos coronarianos em 73% e mortalidade em 70% no grupo intervenção.

A dieta do Mediterrâneo tem como principais características o consumo de frutas, legumes e vegetais frescos; massas, arroz; moderado consumo de vinho tinto às refeições; azeite de oliva como a principal fonte de gordura; uso frequente de ervas e especiarias, diminuindo-se a ingestão de sal; peixes e aves são consumidos em quantidade baixa a moderada e há um baixo consumo de carne vermelha.

ALIMENTOS FUNCIONAIS E DC

Alimento funcional é definido como o alimento ou ingrediente que, além de exercer funções nutricionais básicas, carregam propriedades funcionais ou de saúde, devendo ser seguro para o consumo sem supervisão médica (AGÊNCIA NACIONAL DE VIGILÂNCIA SANITÁRIA, 1999).

Serão citados, a seguir, alguns alimentos funcionais importantes na prevenção e terapia de doenças cardíacas, além de alguns citados anteriormente como azeite de oliva, fibras, peixes, fruto-oligossacarídeos (FOS), fitoesteróis, linhaça, soja e uva.

AVEIA

A aveia é considerada um alimento funcional por possuir, principalmente no farelo de aveia, a betaglucana, que são polissacarídeos encontrados na parede celular dos grãos, na parte solúvel da fibra alimentar. Estudos evidenciam que as betaglucanas são responsáveis por reduzirem o colesterol plasmático, e diminuírem a resposta glicêmica e da insulina após uma refeição. Possui também função antioxidante, reduz colesterol e LDL sem reduzir os níveis de HDL, é rica em selênio e ácido oleico e linoleico. O consumo de 40g de farelo de aveia ou 60g de farinha de aveia equivale a 3g de betaglucana, quantidade necessária para uma redução de 5% do colesterol no plasma (DOLINSKY, 2009).

LINHAÇA

A linhaça é a maior fonte de ácidos graxos poli-insaturados ω3 de origem vegetal e contém grande quantidade de fibras insolúveis que previne a constipação intestinal por aumentar o bolo fecal e causar maior motilidade.

Ela é considerada um alimento funcional porque contém em sua composição lignanas, ácido alfalinolênico (ω3) e fibras. As lignanas, depois de passarem pelo fígado, atuam de forma similar aos estrógenos sintéticos e têm atividade antioxidante, fitoestrógena e ação anticancerígena. O consumo da linhaça na forma moída permite uma maior biodisponibilidade das lignanas em comparação com a forma de consumo triturada e na íntegra.

A presença de AGP ω3 na semente de linhaça previne as doenças cardiovasculares por reduzir a concentração de triacilglicerol, a pressão sanguínea e a agregação plaquetária (ANNELEEN, 2005).

COENZIMA Q10 (COQ10)

A CoQ10 é um metabólito semelhante a vitaminas, que promove melhora da capacidade cardiovascular e função cardíaca em casos de hipertensão arterial, *angina pectoris*, isquemia do miocárdio e insuficiência cardíaca congestiva. Além disso, permite recuperação sob estresse oxidativo e contribui com proteção da membrana plasmática. Proporciona diminuição dos triglicerídeos, aumento do HDL e diminuição da insulinemia e glicemia (WEANT, SMITH, 2005).

Está presente em farelo de cereais, nozes, vegetais verde-escuros (espinafre), carne bovina, óleos de peixe e sardinha.

ALHO

Possui glicosinolatos, alicina, sulforafano e isotiocianatos, o que permite efeitos benéficos sobre o sistema cardiovascular pelo fato de atuar positivamente sobre os lipídeos séricos, reduzindo a concentração sérica de LDL – colesterol, triglicerídeos e pressão sanguínea, o que aumenta a atividade fibrinolítica e inibe a agregação plaquetária. Além disso, é antioxidante, anti-inflamatório, tem ação bactericida e é hipoglicemiante (GÓMEZ, MUNIZ, 2000).

O corte ou ruptura permite a formação de compostos bioativos. Quando o dente de alho é cortado ou macerado, a aliina é convertida em alicina e ela juntamente com os compostos sulfurados são os compostos bioativos responsáveis pelas propriedades funcionais do alho. O aquecimento inibe sua atividade benéfica, sendo recomendado mantê-lo cortado por 10 minutos para minimizar esta perda (SONG, MILNER, 2001).

É recomendado 1 dente de alho/dia para diminuir os níveis de LDL e colesterol (*American Dietetic Association* – ADA, 2004). Não é aconselhável a utilização de alho com substâncias anticoagulantes ou antiplaquetárias, embora seu uso isolado não promova hemorragias.

CHÁ VERDE (*CAMELLIA SINESIS*)

É rico em polifenóis, flavonoides, catequinas, alcaloides, vitaminas e sais minerais. Os flavonoides e as catequinas são os principais responsáveis pela ação antioxidante e inibidores da oxidação lipídica, o que permite redução do risco de desenvolvimento de doença coronariana e proteção contra a oxidação do LDL. Além disso, parece reduzir o colesterol total, LDL e a gordura corporal (KAJIMOTO *et al.*, 2005). No entanto, em excesso pode causar efeitos adversos, como disfunção hepática, problemas gastrointestinais, como constipação e até mesmo a diminuição do apetite, insônia, hiperatividade, nervosismo e reduz o efeito anticoagulante da warfarina (LAMARÃO, FIALHO, 2009). Para obtenção do efeito antioxidante a ADA recomenda a ingestão diária de 1 litro por dia de chá verde, o que equivale a 4 a 6 xícaras.

OLEAGINOSAS

São ricas em arginina, ácidos graxos monoinsaturados, selênio, manganês, magnésio, fitoquímicos e vitamina E. Contribuem com a diminuição dos níveis séricos de colesterol total e LDL, diminuem a agregação de plaquetas, além de conter nutrientes que atuam como antioxidantes (MUKUDDEM--PETERSEN, OOSTHUIZEN, JERLING, 2005). Entretanto, deve-se atentar às quantidades consumidas devido às suas calorias.

As oleaginosas são representadas por amêndoas, castanha-de-caju, castanha-do-Pará, nozes. A ADA (2004) recomenda o consumo diário de 30-60g de oleaginosas para redução do risco de doenças cardíacas.

TERAPIA NUTRICIONAL NA HIPERTENSÃO

Dentre os fatores que estão associados ao estado nutricional e contribuem com o desenvolvimento de hipertensão arterial, podemos destacar a obesidade e resistência à insulina. A obesidade parece diminuir a excreção de sódio e também contribui na ativação do sistema nervoso simpático contribuindo com a hipertensão arterial (BLOOMGARDEN, 2005). O adipócito visceral secreta uma grande quantidade de peptídeos bioativos que causam impacto na estrutura e função vascular (SCHILLACI *et al*, 2004) e influenciam o sistema renina angiotensina.

Evidências epidemiológicas indicam que há resistência à insulina e a consequente hiperinsulinemia contribui com o aumento da pressão arterial por meio de mecanismos como hipertrofia vascular, retenção de sódio, estimulação do sistema nervoso simpático e estimulação de angiotensina II, que é importante como mediador da produção de aldosterona (BLOOMGARDEN, 2005). O aumento de gordura na região abdominal está associado a este problema. Portanto, a primeira etapa do tratamento dietoterápico é a redução de peso corporal em indivíduos que estão acima do peso, através de uma dieta hipocalórica adequadamente balanceada e a prática de atividade física.

RESTRIÇÃO DE SAL (NACL)

Alguns indivíduos hipertensos e menor porcentagem dos normotensos são sensíveis ao sal, isto é, a pressão arterial é diminuída pela redução do consumo de NaCl ou elevada pelo aumento em sua ingestão (SILVA, MURA, 2007).

A recomendação de sódio para indivíduos hipertensos é de 100mEq/dia ou 2.400mg ou 6g de sal/dia. Deve-se ofertar até 4g como sal de adição, sendo o restante proveniente do sódio intrínseco do alimento (SOCIEDADE BRASILEIRA DE CARDIOLOGIA, 2007).

Deve-se atentar que 80% do sódio dos alimentos provêm de seu processamento industrial. Para diminuir o consumo de sal é orientado a não ingestão de produtos processados, enlatados, embutidos, conservas, molhos prontos, defumados, bebidas isotônicas e energéticas; não utilizar saleiro à mesa; evitar o consumo de alimentos ricos em sódio, como margarina, salsicha, presunto defumado, salame, linguiça calabresa, mortadela, atum, queijos, etc. (SILVA, MURA, 2007).

Para melhorar a palatabilidade e aceitação das dietas hipossódicas, deve-se dar preferência à utilização de molho à base de frutas, ervas aromáticas e incremento de temperos caseiros, como alho e cebola.

RESTRIÇÃO DE ÁLCOOL

O consumo excessivo de álcool aumenta os níveis tensionais e está associado à maior resistência terapêutica ao tratamento anti-hipertensivo. Portanto, o uso de bebidas alcoólicas deve ser desencorajado aos hipertensos, devendo-se adotar a mesma recomendação quantitativa anteriormente citada na doença cardiovascular (SOCIEDADE BRASILEIRA DE CARDIOLOGIA, 2007).

MINERAIS

Estudos têm apontado uma relação inversa entre a ingestão de potássio, cálcio e magnésio e a pressão arterial.

A tabela 3 apresenta as principais fontes alimentares e recomendações diárias destes minerais importantes no tratamento e prevenção da hipertensão arterial.

Tabela 3: Fontes alimentares e recomendação de potássio, cálcio e magnésio

Mineral	Recomendação diária	Principais fontes
Potássio	70 e 100mEq ou 2g	Frutas (banana, laranja, abacate, ameixa, mamão), legumes (beterraba, cenoura, abóbora), hortaliças verde-escuras, leguminosas (feijão e ervilha) e temperos (alho, salsa, cebola, coentro, orégano, louro)
Cálcio	1 a 2g	Leite desnatado, requeijão *light*, sardinha, manjuba, amêndoa, gergelim, brócolis e aveia
Magnésio	265-350mg	Soja, figo, ostra, feijão-fradinho, amêndoa, cavalinha, linguado, espinafre, couve, quiabo, abacate, grão-de-bico

Referências: COSTA, MEALE, 2006; KRUMMEL, 2005; SOCIEDADE BRASILEIRA DE CARDIOLOGIA, 2007.

O uso de sal substituto é uma forma de suplementação de potássio, mas para isso os níveis de potássio séricos não podem estar aumentados.

É importante destacar que o efeito de um único nutriente na diminuição da pressão arterial pode ser pequeno e, por outro lado, quando consumidos juntos, o efeito aditivo de todos é suficientemente grande para ser detectado. Além disso, nutrientes suplementados podem não afetar a pressão arterial da mesma maneira que nutrientes encontrados naturalmente nos alimentos.

Baseado nestes fatos, a adoção do plano alimentar *Dietary Approaches to Stop Hypertension* (DASH) foi desenhado a partir de estudos multicêntricos para testar o efeito de uma dieta padrão composta por quantidade abundante de frutas, vegetais, grãos e oleaginosas, ricos em potássio, magnésio e fibras e produtos com baixa quantidade de gordura, como peixes, frango, carne vermelha e laticínios magros, diminuindo o consumo de gordura saturada e colesterol e aumentando o aporte de proteína e cálcio. Como resultado, as pressões arteriais sistólicas e diastólicas foram significativamente diminuídas (KATO, 2006).

CONSIDERAÇÕES FINAIS

É reconhecida a importância da alimentação na prevenção e terapia de doenças cardiovasculares. No entanto, é importante respeitar os hábitos alimentares e a individualidade na elaboração do plano alimentar, para que a proposta de uma alimentação saudável seja permanente e prazerosa. Muitas diretrizes e descobertas científicas na área nutricional já foram postuladas nas doenças cardiovasculares, bem como a descoberta de alimentos que possuem correlação positiva na prevenção e terapia da doença. No entanto, muitos estudos ainda estão em desenvolvimento e novas descobertas precisam avançar para conter esta patologia, que é a mais prevalente em nossa população. A nutrição assume importância essencial na prevenção desta doença, estando obrigatoriamente presente na terapia destes pacientes.

EXEMPLO DE CARDÁPIO PARA PREVENÇÃO E TERAPIA DE DOENÇAS CARDIOVASCULARES

Refeição	Alimentos
Desjejum	Iogurte natural desnatado Maçã com canela e farelo de aveia
Colação	Ameixas vermelhas
Almoço	Salmão ao molho de ervas Arroz parbolizado Feijão-mulatinho Salada de rúcula, beterraba, *champignon*, castanhas e rabanete, temperada com azeite, óleo de linhaça e vinagre
Lanche	Pão de forma integral com tofu Suco de uva
Jantar	Sanduíche de pão integral com pasta de beringela Frango desfiado Alface e tomate Sobremesa: morangos
Ceia	Chá de ervas natural

REFERÊNCIAS BIBLIOGRÁFICAS

ADA Reports. **Position of the American Dietetic Association: Functional Foods.** J. Am. Diet. Assoc. 2004: 104(5): 814-26.

AMERICAN HEART ASSOCIATION. **Diet and Lifestyle Recommendations** Revision 2006. Circulation. 2006: 114: 82-96.

ANNELEEN, K. **The relative bioavailability of enterolignans in humans is enhanced by milling and crushing of flaxseed**. J Nutr. 2005: 135: 2812-2816.

BHATHENA, S. J.; VELASQUEZ, M. T. **Beneficial role of dietary phytoestrogens in obesity and diabetes**. The American Journal of Clinical Nutrition. 2002: 76(6): 1191-1201.

BLOOMGARDEN, Z. T. **Second World Congress on the Insulin Resistance Syndrome: Hypertension, cardiovascular disease, and treatment approaches**. Diabetes Care. 2005: 28(8): 2073-80.

BONITA, J. S.; *et al.* **Coffee and cardiovascular disease: in vitro, cellular, animal, and human studies**. Pharmacol Res. 2007: 55(3): 187-98.

BRASIL. MINISTÉRIO DA SAÚDE. AGÊNCIA NACIONAL DE VIGILÂNCIA SANITÁRIA. **Resolução n° 18, de 30 de abril de 1999**. Aprova o Regulamento Técnico que estabelece as diretrizes básicas para análise e comprovação de propriedades funcionais e/ou de saúde alegadas em rotulagem de alimentos. Diário Oficial da União. Disponível em: <*http://www.anvisa.gov.br*>

COSTA, R. P.; MEALE, M. M. S. **Terapia Nutricional Oral em Cardiologia**. *In*: Waitzberg DL. Nutrição Oral, Enteral e Parenteral na Prática Clínica. São Paulo: Atheneu; 2006. pp. 525-540.

COZZOLINO, S. M. F. **Biodisponibilidade de Nutrientes**. São Paulo: Manole: 2007.

DAMJANOVIC, M.; Barton, M. **Fat intake and cardiovascular response**. Curr Hypertens Rep. 2008: 10(1): 25-31.

DAS, D. K.; MAULIK, N. **Resveratrol in cardioprotection: a therapeutic promise of alternative medicine**. Mol Interv. 2006: 6(1): 36-47.

DE LORGERIL, M.; SALEN, P.; CAILLAT-VALLET, E. **Control of bias in dietary trial to prevent coronary recurrences. The Lyon Diet Heart Study**. Eur J Clin Nutr. 1997: 51(2): 116-22.

DOLINSKY, M. **Nutrição Funcional**. São Paulo: Rocca, 2009

EXPERT PANEL ON DETECTION. **Evaluation and Treatment of High Blood Cholesterol in Adults (Adult Treatment Panel III): Executive Summary of the Third Report of the National Cholesterol Education Program (NCEP)**. J Am Med Assoc. 2001: 285: 2486 – 97.

FITÓ, M.; *et al.* **Bioavailability and antioxidant effects of olive oil phenolic compounds in humans: a review**. Ann Ist Super Sanita. 2007: 43(4): 375-381.

FOOD AND DRUG ADMINISTRATION. **Food labeling: health claims; soy protein and coronary heart disease**. Federal Register. 1999: 64(206).

GÓMEZ, L. J. G.; MUNIZ, F. J. S. **Revisión: efectos cardiovasculares del ajo (*Allium sativum*)**. Arch. Lat. Am. Nutr. 2000: 50(3): 219-27.

HSIA, J.; HEISS, G.; REN, H.; ALLISON, M.; DOLAN, N. C.; GREENLAND, P., HECKBERT, S. R.; JOHNSON, K. C.; MANSON, J. E.; SIDNEY, S.; TREVISAN, M. **Calcium/vitamin D Supplementation and Cardiovascular Events**. Circulation. 2007: 115(7): 846-54.

KAJIMOTO, O.; *et al.* **Tea catechins with a galloyl moiety reduce body weight and fat.** J Health Science. 2005: 51(2): 161-71.

KATO, T.; KIMURA, G. **Blood pressure lowering effects of DASH diet as a life style modification**. Nippon Rinsho. 2006: 64 Suppl 6: 437-43.

KRUMMEL, D. A. **Terapia Nutricional na Doença Cardiovascular**. *In*: MAHAN, K. L., ESCOTT-STUMP, S. Alimentos, Nutrição e Dietoterapia. São Paulo: Rocca; 2005, pp. 820-852.

LAMARÃO, R. C., FIALHO, E. **Aspectos funcionais das catequinas do chá verde no metabolismo celular e sua relação com a redução da gordura corporal: revisão**. Rev. Nutr. 2009: 22(2): 257-269.

LOVEJOY, J. C.; *et al.* **Effects of Diets Enriched in Saturated (Palmitic), Monounsaturated (Oleic), or trans (Elaidic) Fatty Acids on Insulin Sensitivity and Substrate Oxidation in Healthy Adults**. Diabetes Care. 2002: 25 (8): 1283-88.

MICHA, R.; MOZAFFARIAN, D. **Trans fatty acids: effects on cardiometabolic health and implications for policy.** Prostaglandins Leukot Essent Fatty Acids. 2008: 79(3-5): 147-52.

MIETTINEN, T. A., GYLLING, H. **Plant stanol and sterol esters in prevention of cardiovascular diseases**. Ann Med. 2004: 36(2): 126-34.

MUKUDDEM-PETERSEN, J.; OOSTHUIZEN, W.; JERLING, J. C. **A Systematic Review of the Effects of Nuts on Blood Lipid Profiles in Humans**. J Nutr. 2005: 135: 2082-2089.

PISCHON, T.; *et al.* **Habitual Dietary Intake of n-3 and n-6 Fatty Acids in Relation to Inflammatory Markers Among US Men and Women**. Circulation. 2003: 108(2): 155-160.

PLAT, J.; MENSINK, R. P. **Plant stanol and sterol esters in the control of blood cholesterol levels: mechanism and safety aspects**. Am J Cardiol. 2005: 4(96-1A): 15D-22D.

ROOS, J. A.; KASUM. C. M. **Dietary flavonoids: bioavailability, metabolic effects, and safety**. Annu Rev Nutr. 2002; 22: 19-34.

ROSADO, E. L., MONTEIRO, J. B. R. **Obesidade e a substituição de macronutrientes da dieta**. Revista de Nutrição. 2001: 14(2): 145-152.

SANTOS, C. R. B.; *et al.* **Fatores dietéticos na prevenção e tratamento de comorbidades associadas à síndrome metabólica**. Revista de Nutrição. 2006: 19(3): 389-401.

SCHILLACI, G.; *et al.* **Metabolic Syndrome Is Associated With Aortic Stiffness in Untreated Essential Hypertension**. Hypertension. 2004: 89(6): 2601-2607.

SHAPSES, S. A.; HESHKA, S.; HEYMSFIELD, S. B. **Effect of Calcium Supplementation on Weight and Fat Loss in Women**. The Journal of Clinical Endocrinology & Metabolism. 2004: 89(2): 632-37.

SILVA, S. M. C.; MURA, J. D. A. P. **Tratado de Nutrição & Dietoterapia**. São Paulo: Roca; 2007.

SIMOPOULOS, A. P.; LEAF, A.; SALEM, N. **Workshop on the Essentiality and Dietary Reference Intakes (DRI) for n-6 and n-3 Fatty Acids – National Institutes of Health (NIH)**. Journal of the American College of Nutrition. 1999: 18(5): 487-489.

SOCIEDADE BRASILEIRA DE CARDIOLOGIA. **IV Diretriz Brasileira sobre Dislipidemias e Prevenção da Aterosclerose do Departamento de Aterosclerose da Sociedade Brasileira de Cardiologia**. Arq. Bras. Endocrinol. Metabol. 2007: 88 Suppl. 1: 1-19.

SOCIEDADE BRASILEIRA DE CARDIOLOGIA. **V Diretrizes Brasileiras de Hipertensão Arterial**. Arq. Bras. Cardiol. 2007: 89(3): e24-e79.

SONG, K.; MILNER, J. A. **The Influence of Heating on the Anticancer Properties of Garlic**. The American Society for Nutritional Sciences. 2001: 131: 1054S-1057S.

STONE, N. J.; KUSHNER, R. **Effects of dietary modification to reduce vascular risks and treatment of obesity**. Cardiol Clin. 2003: 21(3): 415-33.

STRAIN, J. J.; *et al.* **B-vitamins, homocysteine metabolism and CVD**. Proc. Nutr. Soc. 2004: 63(4): 597-603.

TOBOREK, M.; *et al.* **Unsaturated fatty acids selectively induce an inflammatory environment in human endothelial cells**. The American Journal of Clinical Nutrition. 2002: 75(1): 119-125.

WEANT, K. A.; SMITH, K. M. **The role of coenzyme Q10 in heart failure**. Ann Pharmacother. 2005: 39(9): 1522-6.

WORLD HEALTH ORGANIZATION. **Diet, nutrition and the prevention of chronic diseases**. Geneva, 2003. 1 (WHO Technical Report Series, n° 916).

10. Emergências Clínicas na Reabilitação Cardíaca

Rodolfo Alkmim Moreira Nunes

A abordagem neste capítulo deve mostrar o primeiro atendimento em consonância com o médico assistente, que deve ser consultado com relação aos procedimentos de escolha e ao tipo de remoção, se esta for necessária.

RESPIRATÓRIAS

Segundo o manual de primeiros socorros da FIOCRUZ (2003), a dispneia é uma das queixas clínicas mais comuns, sendo definida como "falta de ar" acompanhada de respiração trabalhosa. A dispneia não é doença, mas sim um sintoma de várias doenças. A principal causa na maioria dos pacientes com Doença Pulmonar Obstrutiva Crônica (DPOC) é a obstrução ao fluxo de ar, devido a três mecanismos patológicos principais:

- Contração brônquica por ação muscular e aumento da reatividade das vias aéreas (Asma);
- Espessamento da parede brônquica (Bronquite);
- Perda da elasticidade pulmonar (Enfisema).

ASMA BRÔNQUICA

A asma é uma doença inflamatória crônica que se caracteriza por acessos graves de dificuldade respiratória, produzidos por episódios de obstrução aguda e reversível dos bronquíolos (VERONESI, 2005).

A duração, intensidade e frequência da crise asmática aguda dependem de três motivos diferentes que acontecem ao mesmo tempo e são responsáveis pela obstrução das vias aéreas inferiores (bronquíolos):

- Broncoespasmo (contração violenta da musculatura dos bronquíolos);
- Edema das paredes brônquicas;
- Obstrução dos bronquíolos devido ao aumento de secreção de muco, estreitando a passagem de ar.

Muitos casos de asma têm base alérgica (asma extrínseca), normalmente, a pó e poeira, sendo esta condição sazonal, que ocorre com mais frequência em crianças e geralmente desaparecem após a adolescência. A asma intrínseca ou não alérgica é mais comum no adulto e tem uma relação com medicamentos, estresse, poluição, cheiros fortes e outros fatores irritantes (WILMORE & COSTILL, 2001).

Sinais e Sintomas:
- Vítima sentada com tronco ereto e dificuldade de respirar (fadiga);
- Caixa torácica hiperinsuflada (cheia);
- Tosse seca ou espirros;
- Expiração com sibilos (semelhante ao assobio);
- Respirações superficiais e rápidas;
- Taquicardia (pulso acima de 120spm).

Conduta:
- Avise o médico assistente;
- Tranquilizar a vítima (agitação agrava a crise);
- Tente dar líquidos (umidificar as secreções);
- Auxilie a vítima a utilizar um inalador.

PARADA RESPIRATÓRIA

É a ausência de respiração pulmonar em consequência da falta do funcionamento do aparelho captador de oxigênio no organismo, também chamada de Síncope Azul, por não haver oxigênio no sangue. Asfixia pode ser definida como parada respiratória com o coração em funcionamento. É a perda dos sentidos devido à falta de oxigênio e ao excesso de dióxido de carbono no sangue (GRANT *et al.*, 1995).

Após três ou quatro minutos de parada respiratória, as células do cérebro ficam danificadas ou mortas e mesmo que a vítima se recupere ocorrerá, certamente, sequelas gravíssimas (HAFEN *et al.*, 2002).

Na anóxia (falta de oxigênio) cerebral, há perda de consciência e, de imediato, há a queda do queixo e consequente caída da língua para trás, obstruindo a passagem do ar pela faringe (CHANDRA & HAZINSKI, 1997).

Há casos em que por queda da língua e consequente obstrução das vias aéreas superiores, a pessoa vem a morrer por asfixia, ao que chamamos de asfixia mecânica (FLEGEL, 2002).

É importante, portanto, que o profissional de saúde inicie imediatamente a chamada respiração de salvamento, desobstruindo as vias aéreas, utilizando-se de suas mãos (processos manuais), intubação orotraqueal (fig. 10.1 e 10.2), iniciando a respiração artificial que consiste em fazer chegar oxigênio de ar aos alvéolos pulmonares, restabelecendo os movimentos respiratórios (NUNES *et al.*, 2006).

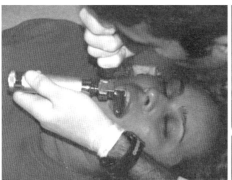
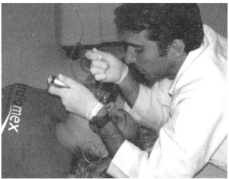

figura 10.1   figura 10.2

ENDOCRINOMETABÓLICAS

DIABETES E HIPOGLICEMIA

A diabetes mellitus é uma patologia que se insere num grupo de distúrbios metabólicos que apresenta em comum uma total ou parcial insuficiência de insulina. A insulina tem a habilidade de promover o transporte de glicose através da membrana celular para sua oxidação. A falta de insulina tem como consequência uma dificuldade da célula em utilizar a glicose como fonte de energia (NUNES *et al.*, 2006).

Em diabéticos, o açúcar (glicose) se acumula na corrente sanguínea, devido à não penetração nas células do corpo sem a ação da insulina. Com isto, o diabético apresenta níveis muito elevados de açúcar no sangue, mas se ocorrer uma diminuição drástica do suprimento de açúcar para as células, todos os órgãos do corpo serão atingidos (FLEGEL, 2002).

Comparação entre os tipos clínicos de Diabetes:

	Juvenil – tipo 1	Adulto – tipo 2
Início	Até 24 anos (20% após)	Após 24 anos (5% antes)
Incidência familiar	Alta	Baixa
Prevalência	15%	85%
Causa usual	Falha na produção de insulina	Resistência celular à insulina
Insulina no plasma	Reduzida ou ausente	Normal ou elevada
Peso corporal	Normal ou magros	Obesos em sua maioria
Controle	Insulina exógena	Dieta, exercício e hipoglicemiantes orais

Fonte: Nunes *et al.*, 2006.

O diabetes mellitus pode tornar-se uma emergência devido a duas situações:
- Hiperglicemia (Coma diabético);
- Coma hipoglicêmico.

Causas de Hiperglicemia:

- Diabético não tomou a insulina;
- Diabetes não diagnosticado;
- Ingesta de carboidratos em excesso;
- Infecção que altera a homeostasia.

Sinais e Sintomas:
- Boca seca e sede intensa;
- Dor abdominal e vômitos;
- Falta de ar – respirações profundas e expirações prolongadas;
- Desidratação (pele seca e quente e olhos fundos);
- Odor cetônico;
- Pulso rápido e fraco;
- Pressão arterial normal ou levemente baixa;
- Agitação crescente e confusão mental seguida de estupor e coma.

Conduta:
- Avise o médico assistente e o serviço de auxílio especializado;
- Manter as vias aéreas desobstruídas e monitorar os sinais vitais.

Causas de Hipoglicemia:

- Diabético tomou dose excessiva de insulina;
- Interação do exercício físico com a insulina;
- Alimentação insuficiente.

Sinais e Sintomas:
- Tonteira e dor de cabeça;
- Confusão mental, resistência ao auxílio;
- Pele pálida, úmida e pegajosa;
- Respiração normal;
- Pulso rápido e cheio;
- Pressão arterial normal;
- Desmaio, convulsões e coma.

Conduta:
- Avise o médico assistente;
- Administre açúcar, mel ou qualquer doce embaixo da língua;
- Acione o serviço de auxílio especializado.

NEUROLÓGICAS

VERTIGEM

É a sensação em que a vítima parece girar em torno dos objetos ou os objetos em torno dela sempre em plano horizontal com deslocamento lateral.

A vítima pode ter zumbidos e chegar até a surdez, náuseas e vômitos, porém, parece sempre lúcida (SILVA, 1998).

Sinais e sintomas:
- Sensação de que está caindo num grande abismo;
- Zumbidos e surdez;
- Náuseas e vômitos;
- Presença de consciência – (sempre);
- Apresenta-se lúcida.

Causas:
- Lesões cerebrais que atingem núcleos;
- Traumatismo cranioencefálico;
- Hemorragias cerebrais;
- Inflamação, tumores, infecções;

- Distúrbio hormonal;
- Jejum prolongado.

Conduta:
- Coloque a vítima deitada de costas sem travesseiro, olhos vendados;
- Evite que a vítima se levante;
- Estabeleça a circulação sanguínea;
- Afrouxe toda a roupa;
- Anime a vítima com palavras confortadoras;
- Dê algum alimento se for o caso do jejum prolongado.

SÍNCOPE E DESMAIO OU LIPOTIMIA

Síncope é a perda repentina e completa dos sentidos com batimentos cardíacos fracos, irregulares ou ausentes e a cessação da respiração.

Desmaio é a sensação extremamente desagradável que a vítima tem de que vai perder o contato com o ambiente que a cerca (FLEGEL, 2002).

Deve-se observar o nível de consciência através do AVDI:

A	Acordado
V	Verbais (estímulos)
D	Doloroso (estímulo)
I	Inconsciente

Fonte: Nunes *et al.*, 2006.

Causas:
- Nervosismo, emoções súbitas;
- Fadiga, local mal ventilado;
- Jejum prolongado;
- Subnutrição; hipoglicemia.

Sinais e sintomas:
- Palidez cadavérica;
- Perturbação visual;
- Transpiração abundante;
- Mente embotada;
- Pulso e respiração fracos, espaçado, superficial;
- Diálogo dificultado;
- Sensação de morte próxima;
- Perda fugaz e momentânea de consciência;

- Pupilas dilatadas insensíveis à luz;
- Batimentos cardíacos fracos e lentos.

Conduta na síncope (fig. 10.3):
- Deite a vítima de costas sem travesseiro e de pernas elevadas;
- Afrouxe as roupas da vítima, cinta, faixas, ligas;
- Pratique a respiração artificial;
- Inicie a massagem cardíaca;
- Coloque compressas de água fria no rosto;
- Dê fortes palmadas na planta dos pés;
- Faça fricções energéticas nos membros com álcool;
- Faça a vítima inalar sais aromáticos;
- Mantenha a vigilância, pois o quadro poderá agravar-se.

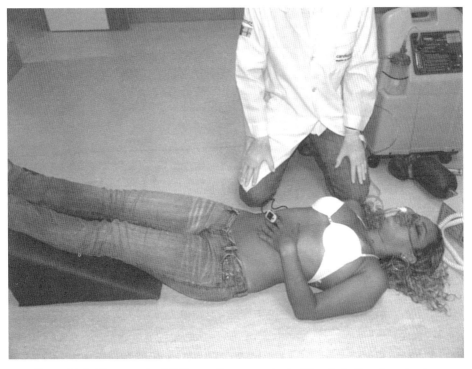

figura10.3: Elevação dos MMII com O_2 e controle da FC e da SaO_2 pelo oxímetro.

Conduta no desmaio:
- Se a vítima estiver sentada, faça com que ela se curve para frente e abaixe a cabeça e solicite para que se esforce em erguê-la. O profissional de saúde fará pressão na nuca com a mão;
- Se persistir o quadro, use os métodos descritos para síncope;

Atenção: É importante tirar a vítima de ambiente desconfortável, conhecer os sinais e sintomas em cada caso ou condições para que se possam tomar as devidas providências nos casos de urgência.

Sinais e Sintomas:

Sintomas	Face	Pulso	Respiração
Síncope	Pálida	Fraco ou ausente	Deprimida ou imperceptível
Hemorragia cerebral	Vermelha congestionada	Forte	Estertorosa
Asfixia	Azulada, arroxeada	Débil	Superficial ou ausente
Insolação	Avermelhada, quente e seca	Rápido	Ruidosa e acelerada
Intermação	Vermelha, depois pálida, úmida e fria	Rápido e fraco	Deprimida

Fonte: Nunes *et al.*, 2006.

CARDIOVASCULARES

HIPERTENSÃO ARTERIAL

Conhecida popularmente por "pressão alta", e a pessoa que tem pressão arterial alta é chamada de "hipertensa". No verdadeiro significado do termo, a hipertensão arterial não é uma doença, sendo na verdade um sinal. Pode ser:

- **Primária (90 a 95%)** – sem agente etiológico evidente (causa orgânica). Interação de várias influências genéticas e ambientais.
- **Secundária (5 a 10%)** – desordens endócrinas ou estruturais.

As interações entre o nível de atividade física com relação a sua intensidade e o estado de repouso apresentam influência direta sobre a pressão arterial sistólica (PAS), a qual se eleva linearmente com o consumo de oxigênio (VO_2). Portanto, quando já se têm pessoas previamente hipertensas, deve se ter cuidado redobrado com medicação, níveis de estresse e a intensidade do esforço desenvolvido (CESAR *et al.*, 2006).

A influência da idade e do sexo deve ser tomada em consideração quando se observa o nível de pressão arterial. Pois este se eleva com a faixa etária e a elevação é mais acentuada no sexo feminino (FARINATI & VERAS, 2008).

Apesar dos atuais conhecimentos sobre a fisiopatologia e a terapêutica da pressão arterial, sua evolução é eventualmente marcada por picos hipertensivos, o que representa grave ameaça à vida (CESAR *et al.*, 2006; CUMMINS, 1997).

Variações da pressão arterial em adultos:

PAS (máxima)	PAD (mínima)	Nível
< 130	< 86	Normal
130 – 138	86 – 88	Limítrofe
140 – 158	90 – 98	Hipertensão leve
160 – 180	100 – 110	Hipertensão moderada
> 180	> 110	Hipertensão severa
< 140	> 90	Hipertensão diastólica
> 140	< 90	Hipertensão sistólica

Fonte: Nunes *et al.*, 2006.

Os **sintomas** mais frequentes da hipertensão arterial são:
- Dor de cabeça na região posterior e na nuca;
- Enjoo, náuseas, vômitos;
- Falta de ar e tonteira;
- Palpitações, dor no peito.

Conduta:

A crise hipertensiva pode ser grave e exige tratamento imediato, já que a reversibilidade das possíveis complicações está condicionada a agilidade das medidas terapêuticas.

Deve-se identificar a crise através da verificação da pressão arterial (fig. 10.4), além de observar os sintomas descritos. É importante que se saiba se a vítima é hipertensa e os medicamentos utilizados. Avisar sobre a crise ao médico assistente e a remoção para atendimento especializado é urgente.

Figura 10.4

ACIDENTE VASCULAR CEREBRAL

A principal complicação da crise hipertensiva é o acidente vascular cerebral (AVC), o popular "derrame". Quando se refere a AVC estamos observando qualquer processo patológico que comprometa a circulação cerebral e ao acidente vascular encefálico (AVE), quando envolve todo o encéfalo. Sem a circulação adequada, as células cerebrais são privadas de oxigênio e morrem em poucos minutos (CAMPBELL, 2000).

As características do AVC dependem da extensão da área atingida e dos danos cerebrais resultantes, que podem ser a morte ou lesões fisiológicas permanentes.

O AVC é produzido pela oclusão ou ruptura de um vaso sanguíneo que irriga o cérebro. Pode ser de dois tipos:
- Isquêmico: oclusão de um vaso sanguíneo por coágulo ou trombo;
- Hemorrágico: ruptura de um vaso sanguíneo cerebral.

Fatores de risco:
- Hipertensão arterial;
- Dislipidemia;
- Tabagismo;
- Diabetes;
- Cardiopatia.

Sinais e Sintomas:
- Sonolência, dor de cabeça intensa;
- Tonteira, vertigem, desmaio;
- Perda de equilíbrio, perda de coordenação, paralisia de um membro;
- Paralisia facial, perda da visão de um olho;
- Dificuldade de pronunciar ou compreender palavras;
- Dificuldade de reconhecer pessoas ou objetos familiares.

Conduta:

- Avaliar o local (possíveis quedas, traumas);
- Tranquilizar a vítima (ansiedade pode piorar o quadro);
- Avaliar a vítima: responsividade (AVDI), suporte básico de vida (A-B-C);
- Se houver vômitos, desobstrua as vias aéreas e coloque a vítima de lado;
- Não se impressionar com os níveis de PA (resposta compensatória), na maioria das vezes é contraindicada a terapêutica anti-hipertensiva.

ANGINA E INFARTO AGUDO DO MIOCÁRDIO

A *angina pectoris* e o infarto agudo do miocárdio (IAM) são situações caracterizadas por dor no peito, que é gerada pela deficiência do aporte sanguíneo ao coração e consequentemente redução do suprimento de oxigênio para as células do miocárdio (PIEGAS *et al.*, 2004; POLLOCK *et al.*, 2000).

Se esta deficiência for transitória, não chegando a causar morte das células do miocárdio, temos a angina. Já se a deficiência for grande e prolongada, gerando a morte das células miocárdicas, teremos o IAM (WILLIANS, 2002).

Diferença entre as dores torácicas:

Tipo	Duração	Qualidade	Provocação	Alívio	Localização
Angina	5-15'	Visceral (opressão)	Esforço Estresse	Repouso Nitrato	Subesternal
Refluxo esofágico	10-60'	Visceral	Decúbito Jejum	Alimentação Antiácidos	Subesternal Epigástrica
Muscular	variável	Superficial	Movimento Palpação	Tempo Analgésicos	Múltipla
Hérnia disco cervical	variável	Superficial	Movimento Palpação	Tempo Analgésicos	Braço Pescoço

Fonte: Nunes *et al.*, 2006.

A angina é a isquemia miocárdica transitória e sua causa mais comum é a aterosclerose. A angina ocorre quando a demanda do coração por oxigênio é temporariamente maior que o volume percebido (PIEGAS *et al.*, 2004).

As lesões da aterosclerose envolvem primariamente a camada íntima das grandes e médias artérias. Inicialmente as células do músculo liso da média proliferam e migram para a lesão em resposta à deposição de colesterol e ésteres do colesterol do sangue circulante, presumivelmente através de um defeito na camada íntima. O resultado deste processo será necrose e acúmulo de material fibroso, levando à diminuição da luz arterial e consequentemente do fluxo sanguíneo local (WILLIANS, 2002).

Diferente da angina, onde a dor está localizada somente no peito e com associações ao esforço e estresse, no IAM o processo álgico não tem causa definida e pode migrar do peito para pescoço, maxilar, membros superiores, epigástrio e nas costas entre as escápulas. Além de outros sinais e sintomas como: transpiração excessiva, fraqueza, náuseas, palidez, pulso acelerado e queda na pressão arterial (CESAR, 2006).

A angina estável pode progredir para angina instável (duração de até 30'), que pode gerar um IAM. Já o infarto pode ter várias complicações devido à necrose tecidual miocárdica, como as arritmias cardíacas (fibrilação ventricular), levando à parada cardiorrespiratória e morte (PIEGAS *et al.*, 2004).

Controle da angina deve ser realizado preventivamente, diminuindo a demanda de oxigênio:

- Identificando e tratando as causas;
- Determinando o limiar de esforço e elaborando programa de atividades, que não o ultrapassem;
- Diminuindo o estresse emocional.

Conduta:

Na dúvida, toda vítima com dor precordial aguda e forte deve ser tratada como IAM.

- Manter a vítima em repouso absoluto;
- Anamnese: dor anterior, diagnóstico de DAC e uso de medicação (em caso positivo, auxiliar a administração de nitratos, betabloqueadores e bloqueadores dos canais de cálcio);
- Observar com precisão os sinais vitais;
- Reavaliar o tempo todo a vítima. Se houver parada cardiorrespiratória, iniciar imediatamente RCP e desfibrilação;
- Providenciar a remoção para serviço especializado com urgência.

PARADA CARDIORRESPIRATÓRIA

Interrupção repentina da função de bombeamento cardíaco, também chamada síncope cardíaca ou síncope branca, em consequência de haver cessado a circulação do sangue. A respiração pode deixar de existir e o coração ainda assim continuar a bater, mas o contrário é impossível, podendo ser revertida com intervenção rápida, mas que causa a morte se não for tratada (OLIVEIRA *et al.*, 2005).

O coração deixa de ter a sua função por duas formas: em assistolia, o músculo cardíaco completamente inerte, e em fibrilação, as fibras do músculo cardíaco ficam fibrilando, como uma massa gelatinosa a tremer. Esta forma é a mais comum e a mais fácil de reverter o quadro. Na constatação da parada cardiorrespiratória, deve-se aplicar de imediato a massagem cardíaca externa ou em tórax fechado. O método em tórax aberto é realizado pelo médico e a massagem se faz diretamente no coração (JONES *et al.*, 1992; NUNES *et al.*, 2006).

A parada do coração exige uma ação imediata para evitar lesões graves do sistema nervoso ou a morte. As manobras de Suporte Básico de Vida (SBV) devem ser iniciadas imediatamente.

Os principais passos na sequência do SBV são:
- Determinar a responsividade;
- Avisar serviço de auxílio;
- Desobstruir as vias aéreas;
- Determinar a ausência de respiração;
- Fornecer respiração artificial;
- Determinar ausência de pulso;
- Realizar compressões torácicas;
- Desfibrilação.

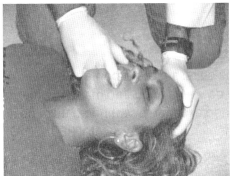

Figura 10.5. A   Figura 10.6. B

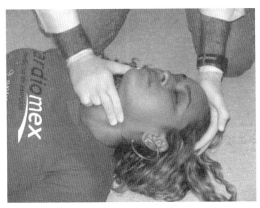

Figura 10.7. C

193

A – Abertura das vias aéreas

Desobstruir as vias aéreas, a ventilação pulmonar (respiração artificial) só pode ser executada com sucesso quando as vias aéreas estejam perfundindo. Em vítimas inconscientes, a queda da língua sobre a parede posterior da faringe pode ser a causa, deve-se retirar corpos estranhos e próteses da naso e orofaringe (SANTOS *et al.*, 2000).

As técnicas mais utilizadas são hiperextensão do pescoço (contraindicada em traumatismos da coluna cervical), com inclinação da cabeça, colocando a mão no frontal e outra na nuca, com elevação do queixo e mandíbula. Nos casos de suspeita de fratura cervical, traciona-se a mandíbula junto com o ocipital (FEITOSA FILHO *et al.*, 2006).

Adotar medidas de autoproteção (fig. 10.8), colocando luvas e máscara, posicionar a vítima em decúbito dorsal em superfície plana e rígida, ajoelhar-se ao lado do tronco e realizar as manobras manuais.

Figura 10.8

B – Avaliação da respiração

Determinar a presença ou ausência de respiração espontânea. Deve colocar seu ouvido sobre a boca e o nariz da vítima enquanto mantém uma via aérea aberta, ouvindo o ruído do ar sendo expirado e sentindo o fluxo de ar. Observar se há elevação do tórax ou abdômen do paciente (CAMPBELL, 2000).

Figura 10.9 **Figura 10.10**

Figura 10.11

- Ventilar: boca a boca (fig. 10.9), boca-nariz (criança), boca-máscara (fig. 10.10), ambu-máscara (fig. 10.11), ambu-obturadores esofagianos;
- Intubação orotraqueal (fig. 10.1 e 10.2): profissional de saúde treinado;
- Traqueotomia percutânea: em casos de traumatismo facial;
- Manter a frequência respiratória de 15irm (adultos) e 20irm (crianças);
- Em caso de único animador 2 insuflações p/30 compressões torácicas;
- Observar elevação e queda do gradil costal;
- O centro respiratório é estimulado pela hipercapnia (boca a boca);
- Usar preferencialmente equipamentos e O_2 puro;
- Caso o tórax não se expanda, reposicionar a cabeça e ventilar novamente;
- Se persistir é sinal que ainda pode haver obstrução das vias aéreas;
- A compressão da cartilagem cricoide diminui os riscos de broncoaspiração e regurgitação.

C – Circulação

À verificação da ausência de pulso, deve-se observá-lo em grandes vasos, preferencialmente o pulso carotídeo, colocando-se o dedo indicador e médio sobre a trajetória da artéria, com leve pressão. Conta-se a pulsação durante 1 (um) minuto (MARON, 2003; OLIVEIRA et al., 2005).

A PCR é reconhecida pela ausência de pulso nas grandes artérias de vítimas inconscientes. Só existe PCR, pois assim que o coração parar, também ocorrerá parada da função respiratória (NUNES et al., 2006).

A artéria carótida é a preferencialmente utilizada, deve-se palpar o pulso carotídeo por 5 a 10 segundos, caso o pulso esteja ausente, iniciar as manobras de Massagem Cardíaca Externa (MCE):

- Vítima em decúbito dorsal a zero grau (posição supina) em superfície dura;
- Percorrer o rebordo costal, identificar o apêndice xifoide (fig. 10.12);

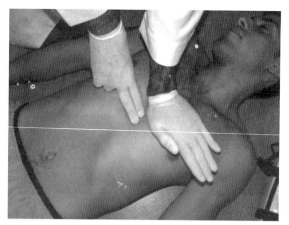

Figura 10.12

- Ambas as mãos (região tênar e hipotênar) com a base do punho, mantendo os membros estendidos, sem dobrá-los, na metade inferior do osso esterno, dois dedos acima do apêndice xifoide (fig. 10.13).
- Usar o peso do corpo para deprimir o esterno de 3 a 5cm, usando ciclos de 50% para compressão e 50% para relaxamento, na frequência de 60bpm.

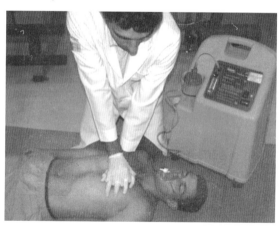

Figura10.13: MCE com O_2

- O índice compressão-ventilação será 30:2, não sendo necessário o sincronismo, deve-se, porém, observar que a compressão não deve ocorrer antes da expiração, ou seja, antes do tórax relaxar (FEITOSA FILHO *et al.*, 2006).
- Usando a técnica padrão, o DC (débito cardíaco) será 10 a 30% do normal e resultará na elevação da pressão intratorácica (compressão esterno/coração/coluna vertebral).

- A PAS (pressão arterial sistólica) será de 60 a 80mmHg e a PAD (pressão arterial diastólica) próxima a zero, com a PAM (pressão arterial média) de aproximadamente 40mmHg.

SINAIS DE PCR:

1. Inconsciência;
2. Dilatação pupilar (midríase);
3. Ausência de respiração (apneia);
4. Ausência de pulso em grande artéria.

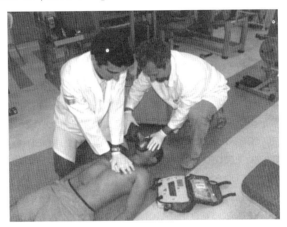

Figura 10.14: MCE, ventilação e DEA

A RCP deve ser iniciada quando há necessidade de o cérebro estar viável e não houver razões legais ou médicas para recusar medidas reanimadoras.

Tempo de Recuperação	Ausência de Sequelas
1° minuto	98%
5° minuto	25%
10° minuto	1%

Fonte: NUNES et al., 2006.

"A principal causa de morte é a falta de atendimento, a segunda é o socorro inadequado."

CAUSAS DE PCR:

- Isquemia cardíaca (principal);
- Arritmia cardíaca (fibrilação ventricular);
- Disfunção cardíaca causada por problema respiratório (secundária no adulto e principal causa em crianças);
  - O_2 deficiente (DPOC, obstrução das vias aéreas);
  - Transporte inadequado de O_2 (hemorragias graves, choque, intoxicações por monóxido de carbono);
  - Fatores externos (drogas, descargas elétricas).

ARRITMIA CARDÍACA

Arritmia cardíaca é um problema na velocidade ou ritmo cardíaco. Durante uma arritmia, o coração pode acelerar (taquicardia), ficar muito lento (bradicardia) ou com ritmo irregular. Grande parte das arritmias não tem gravidade, porém, algumas podem levar ao óbito. Com arritmia cardíaca o coração pode não ser capaz de bombear sangue suficiente para o corpo, o que pode danificar o cérebro, coração e outros órgãos (FEITOSA *et al.*, 2002).

Arritmia pode ocorrer quando o nódulo sinoatrial (NSA) estiver atrasado ou bloqueado, isso ocorre quando as células nervosas especiais que produzem o sinal elétrico não funcionam apropriadamente, ou quando os sinais elétricos não forem conduzidos normalmente pelo coração, levando os focos ectópicos a começarem a produzir sinais elétricos, alterando o batimento cardíaco normal. A localização destes focos nos dirá se a arritmia é ventricular ou supraventricular (FEITOSA *et al.*, 2002).

Basicamente existem dois tipos de mecanismo para o aparecimento das arritmias, o de *reentrada*, sendo autopropagante em torno de um circuito dentro do coração, tornando a condução elétrica repetida. Neste caso, a terapia seria interromper o circuito, criando um bloqueio na condução, com drogas antiarrítmicas, prolongando o período refratário (tempo necessário para restabelecer a excitabilidade). Outro mecanismo seria a *automaticidade*, com ativação espontânea (despolarização) de foco ectópico, miocárdio lesado ou anormal, com terapia através de antiarrítmicos para interromper ritmos automáticos. Nos dois processos, o médico assistente pode recomendar a ablação (DUTRA *et al.*, 2006).

O tratamento é necessário quando a arritmia causa sintomas sérios como tonteira, dor no peito e desmaio, ou quando ela aumenta a probabilidade de desenvolver complicações, como insuficiência cardíaca ou PCR.

Terapia de escolha nas Arritmias:

Droga	Refrat AV	Condut AV	Refrat Mioc	Condut Mioc	Automat	Terapia	Complica
Digoxina	Prolonga	Prolonga	S alt.	S alt.	Aument	TRAV, FA, FLA	Evitar WPW, TAM
Bloq.canal Ca Verapamil Diltiazem	Prolonga	Lentifica	S alt.	S alt.	Diminui	TRAV, TAV, FA, FLA, TAM	Evitar WPW c/FA
B-bloqueador	Prolonga	Lentifica	S alt.	S alt.	Diminui	TRAV, TAV, FA, FLA, WPW	Evitar na Hipotensão, IC
Classe IA Quinidina Procainamida Disopiramida	Encurta	Aumenta	Prolonga	Lentifica	Diminui	TV, WPW, FA, FLA	Evitar na IC
Classe IB Lidocaína Mexiliteno Tocainida	S alt.	S alt.	S alt.	Lentifica	S alt.	TV	Sem Efeitos Atriais
Classe IC Flecainida Propafenona	S alt.	S alt.	S alt.	Lentifica	Diminui	TV, WPW, FA, FLA	Evitar em doenças cardíacas estruturais
Classe III Amiodarona Sotalol Bretílio	Prolonga	Lentifica	Prolonga	Lentifica	Diminui	TV, FV, TAE, TAM, FA, FLA	Risco para Taquicardia Ventricular Polimórfica

TRAV: taquicardia de reentrada AV; FA: fibrilação atrial; FLA: flutter atrial;
TAV: taquicardia atrial AV; TAM: taquicardia atrial multifocal; WPW: Wolff-Parkinson-White;
TV: taquicardia ventricular; FV: fibrilação ventricular; ICC: insuf. cardíaca congestiva

Dificilmente a respiração e a pulsação se restabelecem espontaneamente. Na maioria dos casos, a parada cardiorrespiratória necessita de procedimentos avançados de suporte à vida.

DESFIBRILAÇÃO

Atualmente não se admite treinar uma equipe de profissionais de saúde para o suporte básico de vida sem o desfibrilador. Todos os locais públicos de grandes aglomerações como rodoviárias, aeroportos e os postos de salvamento nas praias e parques deveriam ter desfibriladores semiautomáticos (AHA, 2004).

A Sociedade Brasileira de Cardiologia em seu último parecer com relação a clubes, academias e locais onde acontecem eventos esportivos (ginásios, estádios) preconiza, entre outras, que se tenha aparelho para desfibrilação.

A fibrilação ventricular é uma arritmia cardíaca geralmente causada por isquemia miocárdica relacionada à DAC (doença arterial coronariana) em adultos acima de 40 anos; já em adultos jovens abaixo desta faixa etária, a principal causa seria a miocardiopatia hipertrófica (NUNES & MACHADO, 2002; MARON *et al.*, 1994).

Durante a fibrilação ventricular, o coração perde a capacidade de se contrair com eficácia, pois os vários focos ectópicos levam cada fibra miocárdica a se contrair de forma independente. Portanto, o ventrículo tem dificuldade de ejetar sangue para suprir as necessidades do organismo.

Após alguns minutos de fibrilação sem que aconteça o atendimento, o processo se converte em assistolia. Quanto mais rápido o salvamento, maiores as chances de reverter a fibrilação. A RCP básica é incapaz de reverter a fibrilação ventricular ao ritmo normal (NUNES *et al.*, 2006).

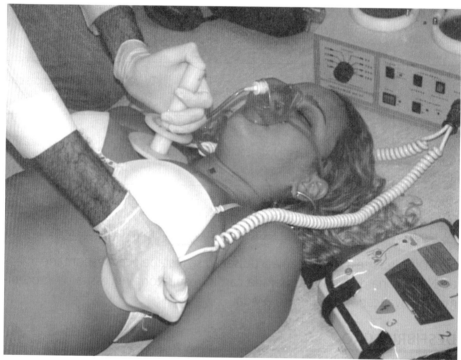

Figura 10.15: Desfibrilação

Desfibrilação (fig. 10.15) é a aplicação de um choque controlado visando reverter um quadro de arritmia cardíaca associada a PCR. Antes do aparecimento dos desfibriladores semiautomáticos, a desfibrilação era reservada a ambientes hospitalares e realizada exclusivamente por médicos. Atualmente, não há necessidade de treinamento específico em ECG (eletrocardiograma) e tratamento de arritmias para operar o aparelho (CAMPBELL, 2000).

A FV/TV sem pulso deve ser tratada inicialmente com um choque de 360J monofásico ou 200J bifásico. Inicie RCP básica imediatamente após os choques (não é necessário verificar o pulso ou avaliar o ritmo). Após 2 minutos de RCP (5 ciclos 30:2) reavalie o ritmo e aplique choque, se indicado. Se persistir com ritmo FV/TV após o primeiro ou segundo choque, deve ser administrada 1mg de adrenalina (repetir 1mg a cada 3-5 minutos).

Nos ritmos de atividade elétrica sem pulso ou assistolia, iniciar 1mg de adrenalina após obtenção de acesso venoso e repetir a cada 3-5min. Amiodarona em bolus de 300mg deve ser administrada se persistir FV/TV após três choques. Pode ser repetido bolus de 150mg se FV/TV refratária ou recorrente, seguida de infusão 900mg em 24 horas (DUTRA *et al.*, 2006).

DESFIBRILAÇÃO SEMIAUTOMÁTICA (FIG. 10.16 E FIG. 10.17)

1. Ligar o aparelho;
2. Conectar os adesivos ao tórax da vítima:
   - Borda esternal superior direita;
   - 5° espaço intercostal na linha axilar anterior esquerda.
3. Afastar os curiosos (ninguém pode encostar na vítima durante os choques);
4. Apertar o analisador do ritmo;
5. Aparelho vai indicar o CHOQUE ou NÃO INDICADO (mensagem gravada);
6. Se indicar o CHOQUE é só apertar o botão que o aparelho efetuará a descarga (o capacitador escolhe as cargas automaticamente) de 200J a 360J;
7. Após o primeiro choque, pressionar imediatamente o analisador do ritmo, e se for indicado realizar o segundo CHOQUE. E assim sucessivamente com o terceiro CHOQUE;
8. Após análise do ritmo, se a indicação for CHOQUE NÃO INDICADO, palpar pulso carotídeo por 5 segundos, não havendo pulso, reiniciar a RCP;
9. Depois do terceiro CHOQUE, o socorrista efetua a palpação do pulso carotídeo por 5 segundos e, não havendo pulso, efetuar a RCP por 1 minuto;
10. Após 1 minuto de RCP, verificar o pulso carotídeo; se for ausente, repetir a análise do ritmo e, se for indicado o CHOQUE, reiniciar o processo.

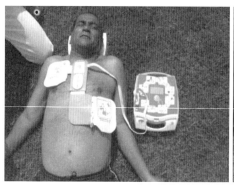 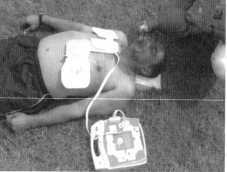

Figura 10.16 Figura 10.17

A rapidez em que a desfibrilação é realizada é determinante para o sucesso da reanimação. Quando a equipe de profissionais de saúde tem disponível o desfibrilador, a chance do paciente que teve a intercorrência é superior a 80% (AHA, 2004).

As vantagens de se ter um desfibrilador semiautomático junto à equipe;
- Aumentar as chances de vítimas com fibrilação ventricular;
- Tornar a desfibrilação mais precoce;
- Aumentar o número de pessoas aptas a realizar a desfibrilação.

CARRINHO DE PARADA CARDIORRESPIRATÓRIA

1. **Equipamentos de diagnóstico e avaliação:**
   - Desfibrilador/monitor;
   - Oxímetro de pulso;
   - Desfibrilador externo automático (DEA).

2. **Equipamento para vias aéreas:**
   - Oxigênio (umidificador, nebulizador);
   - Ambu com válvula de pressão;
   - Cânula de Guedel;
   - Laringoscópio com lâmina curva (3,4);
   - Cânula de aspiração flexível (10, 12);
   - Cânula orofaríngea (3, 4);
   - Tubo endotraqueal (6,0 a 9,0);
   - Sonda nasogástrica (16, 18);
   - Material de sucção;
   - Luvas e máscaras.

3. Conjuntos intravenosos:
- Equipos de soro (macrogotas e hemoderivados);
- Cânulas intravenosas (scalp – jelco 14, 16, 18, 20, 22);
- Seringas (3, 5, 10, 20ml) e agulhas de vários tamanhos (36x10 ou 36x12);
- Líquidos intravenosos (SF 1.000ml, SG 5% 500ml, Ringer lactato 1.000ml);
- Agulha para tamponamento e pneumotórax hipertensivo;
- Esparadrapo, micropore, gases.

Substâncias

Água destilada	10, 250, 500ml
Aspirina	300mg
Adrenalina (simpaticomimético)	ampola 1ml-1mg
Adenocard – adenosina (antiarrítmico)	6mg
Atropina (anticolinérgico)	ampola 1ml-1mg
Bicarbonato de sódio (alcalinizante)	ampola 10ml
Broncodilatador	*spray*
Cloreto de potássio (hipocalemia-desidratação)	ampola 10ml
Cloridrato dopamina (baixo DC)	ampola 10ml-50mg
Cloridrato diltiazem-Balcor EV (antiarrítmico SV)	25mg+5ml(H2O bid)
Cloridrato diltiazem-Cardizem (antiarrítmico)	cp 60mg
Cloridrato amiodarona-Ancoron (antiarrítmico V e SV)	cp 100mg
Diazepan (ansiolítico)	ampola 2ml-10mg
Digoxina (cardiotônico-digitálico)	cp 0,25mg
Furosemida (diurético)	ampola 2ml-20mg
Isocord SL (vasodilatador coronariano)	cp 5mg
Lidocaína (antiarrítmico)	ampola 5ml
Maleato de enalapril (insuf. cardíaca – HAS)	cp 20mg
Nifedipina-Adalat (angina de esforço)	cápsula 10mg
Nitroglicerina-Nitronal infusão (vasodilatador-IAM)	1ml-1mg
Nitronal *spray*	frascos doses 0,4mg
Procainamida (antiarrítmico)	10mg

Propanolol (betabloqueador)	cp 40mg
Vectarion-Almitrina (hipoxemia aguda – DPOC)	cp 50mg
Verapamil (antiarrítmico-vasodilatador coronariano)	ampola 2ml-5mg

Fonte: NUNES *et al.*, 2006.

Componentes de Conduta

- Todo pessoal envolvido com Reabilitação Cardíaca deve ser treinado em RCP (CARVALHO *et al.*, 2006);
- Dispositivos de comunicação de emergência devem estar prontamente disponíveis e funcionando adequadamente;
- Planos de remoção devem ser previamente estipulados;
- Condutas de emergência devem ser estabelecidas e treinadas regularmente.

REFERÊNCIA BIBLIOGRÁFICA

AHA. Joint Position Statement: American College of Sports Medicine. **Automated external defibrilators in health fitness facilities**. Med Sci Sports Exerc. 2004; 34: 561-4.

BRASIL, Ministério da Saúde. FIOCRUZ. **Manual de Primeiros-Socorros**. Rio de Janeiro: Fundação Oswaldo Cruz, 2003.

CAMPBELL, J. E. **Basic Trauma Life Support for Paramedics and Advanced SEM Providers**. 4rd ed., New Jersey, Prentice-Hall, 2000.

CARVALHO, T.; *et al.* **Diretriz de Reabilitação Cardiopulmonar e Metabólica: aspectos práticos e responsabilidades**. Arquivos Brasileiros de Cardiologia. 2006; 86: 74-82.

CESAR, M.; *et al.* **Respostas Cardiopulmonares ao Exercício em Pacientes com Insuficiência Cardíaca Congestiva de Diferentes Faixas Etárias**. Arquivos Brasileiros de Cardiologia. 2006; 86: 14-8.

CHANDRA, N. C.; HAZINSKI, M. F. **Basic Life Support for Healthcare Providers**. American Hearth Association, 1997.

CUMMINS, R. O. **Suporte Avançado de Vida em Cardiologia**. American Heart Association. Fundação Interamericana do Coração, 1997.

DUTRA, O. P.; *et al.* **II Diretriz Brasileira de Cardiopatia Grave.** Arquivos Brasileiros de Cardiologia. 2006; v. 87, nº 2: 223-232.

FARINATTI, P.; VERAS, P. **Envelhecimento: promoção da saúde e exercício**. 2ª ed., São Paulo: Manole, 2008.

FEITOSA, G. S.; *et al.* **Diretriz sobre arritmias cardíacas**. Arquivos Brasileiros de Cardiologia. 2002; v. 79 (Supl. V).

FEITOSA FILHO, G. S.; *et al.* **Atualização em Reanimação Cardiopulmonar: O que mudou com as novas diretrizes**. Revista Brasileira de Terapia Intensiva. 2006; v. 18 (2): 177-185.

FLEGEL, M. J. **Primeiros Socorros no Esporte**. São Paulo: Manole, 2002.

GRANT, D. H.; MURRAY JR., R. H.; BERGERON, J. D.; O'KEEFE, M. F.; LIMMER, D. **Emergency Care**. 7th ed., New Jersey: Prentice-Hall, 1995.

HAFEN, B. Q.; KARREN, K. J.; FRANDSEN, K. J. **Primeiros Socorros para Estudantes**. 7ª ed. São Paulo: Manole, 2002.

JONES, A. S.; WEIGEL, A.; WHITE, R. D.; MCSWAIN JR., N. E.; BREITER, M. **Advanced Emergency Care for Paramedic Practice**. Philadelphia: Lippincott, 1992.

MARON, B. J.; KOGAN, J.; *et al.* **Circadian variability in the occurrence of sudden cardiac death in patients with hypertrophic cardiomyopathy**. J. Am. Coll. Cardiol. 1994; 23: 1405-1409.

MARON, B. J. **Sudden death in young athletes**. N Engl J Med. 2003; 329: 1064-75.

NUNES, R. A. M.; MACHADO, A. F. **Cardiopatia e Esporte: Miocardiopatia Hipertrófica**. Rio de Janeiro: 5º Congresso Internacional de Atividade Física Santa Mônica Fitness, 2002.

NUNES, R. A. M.; NOVAES, G. S.; NOVAES, J. S. **Guia de Socorros e Urgências – APH**. 2ª ed., Rio de Janeiro: Shape, 2006.

OLIVEIRA, M. A. B.; LEITÃO, M. B.; *et al.* **Diretriz da Sociedade Brasileira de Medicina do Esporte: morte súbita no exercício e no esporte.** Rev. Bras. Med. Esporte. 2005; 11: S1-S8.

PIEGAS, L.; *et al.* III **Diretriz sobre Tratamento do Infarto Agudo do Miocárdio**. Arquivos Brasileiros de Cardiologia. 2004; 83: 8-86.

POLLOCK, W.; *et al.* **Resistance Exercise in Individuals With and Without Cardiovascular Disease: benefits, rationale, safety, and prescription**. Circulation. 2000; 101: 828-833.

SANTOS, R. R.; CANETTI, M. D.; RIBEIRO JR., C.; ALVAREZ, F. S. **Manual de Socorro de Emergência**. São Paulo: Atheneu, 2000.

SILVA, M.; *et al.* **Treinamento físico no tratamento da insuficiência cardíaca**. Arquivos Brasileiros de Cardiologia. 2002; 79: 351-6.

SILVA, O. J. **Emergências e Traumatismos nos Esportes: Prevenção e Primeiros-Socorros**. Florianópolis: Ed. da UFSC, 1998.

STUKEL, T.; ALTER, D. **Analysis Methods for Observational Studies Effects of Cardiac Rehabilitation on Mortality of Coronary Patients**. Journal of the American College of Cardiology. 2009; 54: 34-35.

VERONESI, R. **Tratado de Infectologia**. São Paulo: Atheneu, 2005.

WILLIANS, R. A. **O Atleta e a Doença Cardíaca. Diagnóstico, Avaliação e Conduta**. Rio de Janeiro: Guanabara Koogan, 2002.

WILMORE, J.; COSTILL, D. **Fisiologia do Esporte e do Exercício**. 2ª ed., São Paulo: Manole, 2001.